8歳で切りかえる子育て

そこで気づけば思春期がラクに！

植松紀子

元「こどもの城」小児保健部 臨床心理士

赤ちゃんとママ社

はじめに

思春期をテーマに本を書きたいと感じたのは、この年齢の子どもたちの〝生〟の危うさにふれることが多くなったためです。また一方、大人の心理相談の中で自分の思春期のころの暗い出来事が語られ、それが現実の生活に影響を及ぼしていることも否めません。

臨床心理士として約45年間、子どもと大人の心理治療・相談を行っていくなかで、幼児期、思春期の生活がどのようなものであったかを知ることが、相談・治療の大きなキーポイントになっていると強く感じています。

情緒発達の基本的な枠は、5歳ごろに作られるといわれています。やさしさに包まれて育った子は、一生、やさしさがその子の基本的な情緒となります。しかし、幼児期に不安定な環境で育った場合には、自分らしく生きていこうとする目的を見失い、自分がなぜ存在しているのかさえ、疑うようになります。自分も人も社会も信じられなくなり、不安定さを抱えたまま思春期を迎えます。安心できる大人がいないために不安定さを抱え、自分の気持ちを率直に表現できなくなるのです。

精神科医のアルフレッド・アドラーは、家庭以外の集団生活で経験したことや、友達との関係も、その子の生きる行動の目的のひとつとなると言っています。そしてそれらが培われる8歳から10歳までが重要な時期であり、その子どもの〝人生の方向性〟は10歳でつくられる、とのべています。

そうした大切な時期の子育てに少しでも役立ててほしいという思いから、この本では乳幼児期、学童期、思春期、青年期の入り口ごろまでの発達を書きました。さらに子育ての柱として、発達や勇気づけを記し、保護者への応援メッセージを載せています。

思春期の子どもを育てている方や、もうすぐ思春期を迎える子をもつ方に、読むことで少しでも元気に、前向きな気持ちになっていただけたらうれしいです。

植松紀子

目次

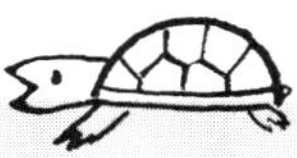

第二章　本気でかかわる親になろう

目次

第三章「勇気づけ」と「勇気くじき」

第四章 そして思春期へ

目次

思春期ってなんですか？

思春期とは、子どもの世界から大人の世界に移行していく時期です。年齢でいうと、おおむね小学校高学年（5〜6年）から中学生、高校1年生くらいまででしょうか。それ以降は青年期で、それ以前の8歳くらいからは前思春期と呼ばれています。

思春期には、自分自身のからだとの出合いがあります。そこにからだの変化があることによって、有無を言わさぬ形で大人への脱皮を促されていきます。

変化の表れ方は男の子と女の子で大きく異なりますが、どちらにしてもからだの変化が先。そこにあとから心がついていきます。

女の子では初潮があり、男の子には性の衝動や精通があります。

とくに男の子は、性の衝動と行動への欲求が、精神生活を根底から揺るがせはじめる時期でもあります。

自分ではまだ子どもでいたいのに、さなぎから蝶になるように、大人のからだへと変化していきます。そのため子どもたちは、心理的にはほとんど不安定と言ってもいいのではないかと思います。

この時期には「思春期やせ症」「思春期妄想症」「思春期内閉症」や「拒食症」「過食症」などといった、思春期に特有の病的な状態がよくみられます。それと同時に、本格的な非行や薬物依存、神経症や精神疾患の大半も、実はすでに見え隠れしはじめます。そうした病気の初発年齢は思春期のあとの青年期ですが、兆候が見えはじめてくるのは、8〜10歳の『前思春期』と呼ばれるころなんですね。

それらの最も大きな原因は、性的な衝動です。男の子も女の子も、性衝動が高まることによって不安定になっていく子がとても多いんです。また、性衝動に加えてなにかと攻撃的になる「攻撃衝動」というのも、中学生にはよく起きます。この2つが合わさってしまうと親はもう、どうしようもないんです。それらの衝動をおさえるために、スポーツを熱心に推奨している中学校も少なくありません。

からだの変化に、本人が戸惑うこともおおいにあります。

もちろん子どもたちは、初潮や精通について、学校の保健体育科の授業で教わっています。でもそれは、知識として知っているだけ。自分のからだや精神的なものと一致させて考えてはいません。

そういうことが具体的に、自分のからだに起きてくるかもしれないということを、男の子は成人向けの雑誌などで知っていきます。今は本よりも、動画などから知識を得ることが多いでしょう。また、最近の女の子向けのマンガの中にも性描写がかなり入っていますので、女の子も、ごく普通に目にしています。そうした雑誌や動画、マンガなどを見ていても、実際にはどういうことなのかはわからないと思いますが、いつも刺激として見たり目に入るところにあったりすると、どんなものなのか興味が募り、体験したくなってしまうようです。

思春期に入り、だんだん大人のからだになっていくということはつまり、単純に考えると、男の人と女の人が結婚して子孫を残していく、そのための準備段階とも考えられます。思春期から青年期に入るまでに、からだが大人になる準備をしていくわけですね。

そうした変化をしていくころに、精神的なもの、親子の関係や愛情関係といったようなものがこわれていたら、大人になるためのからだの変化に心がついていけないということになります。そこにきちんとした情報や知識を踏まえ、自分で自分のからだを守り、将来の結婚のための性的な関係に自分のからだを結びつけておかないと、心が病んでいきます。

思春期の時期にまっとうに生活できていなかった子が、青年期になって燃え尽き症候群のようになっていく例を少なからずみてきた私は、今こそ、そういうことを強く言わないといけないと感じています。

子どもの心は親を、特に母親を求めつづけます。ずーっと大人になりきれず、心は取り残されていくなか、からだだけは確実に変化していきます。そのアンバランスな部分が、いろいろな行動として表れてきます。

子どもの心の変化を満たしていくためには、「愛着形成」や「母子分離」というものが必要です。母子関係や父子関係に心が満たされず、「愛着」がしっかり形成されていない子は、からだとともに心も変化しなければいけないときに、「安心感」や「愛されているという感情」を得ることができません。それがないまま、年齢だけを積み重ねていくんですね。

愛着形成や母子分離がそのまま取り残され、からだの変化に心がついてこない。でも親に対しては、思春期になってもう一回、愛着行動のようなものを求めます。もう一度確認していくんですね。

そうした確認作業のなかで、親に暴力をふるったり反抗的な態度を取ったりすることもあります。それらも、親の反応をチェックしていくひとつの段階なんです。

また、「甘えられるから反抗できる」という部分もあります。そのときに「受け入れてもらえなかった」という感情が生まれると、それは行動となって外に向かっていきます。愛情に対して満足できない場合には、それをどこかで発散させるため、ほかの人や外に向かってどんどん行動化していくんですね。思春期のころには、そういう「ゆがみ」のようなものも出はじめてきます。とくに男の子のなかには、反社会的な行動や非行に走る子もいますし、あるいは逆に、男性化できずに女性化していく子もいます。

男の子には、自分を父親と同一化して乗り越えていく作業が必要です。しかし「親から捨てられている」「親に愛されていない」という思いがあれば、同一化はできません。思春期にはもう一回、しがみつきの行動として、そうしたサインをたくさん出します。それでも受け入れてもらえないと感じたときには、やっぱり同一化できず、乗り越えられないんですね。

女の子だったらそこに「愛してもらえない」というさみしさや不安感があります。女の子も、女性になるために自分を母親と同一化し、母親を乗り越える必要があります。やはりまずはお母さんと同一化しないとダメなんですね。


からだだけはどんどん大人に、男性になり、女性になっていくわけですから、欲求はあります。しだいに性的なものを求めるようになっていきますが、でもそこに、心は伴いません。からだはからだとして行動に出てしまう。というより、そこまではっきり意識をしていません。だからこそ、そういうことから生まれてくる問題も少なくないのです。

思春期とは結局、そのころの子どもの最も大きな特徴である「からだの変化」を、それまでずっと温めてきた「愛情」というものと一致させていく時期なのではないかと思います。だからそれを試すように8歳、9歳、10歳であんなに小生意気になって、親にもへらず口をたたき、ちょっとしたワルになるんですね。

中学生になって本当にワルになって、第二次反抗期といわれる反抗的な態度を取ります。そのくせ、甘えたいけれど甘えられない、でも受け入れてもらいたいという、アンビバレンツな態度も強く出してきます。

そんなときに受けとめてもらえなかったら…？　きっと「この人は本当の自分を受けとめてくれない」と思うでしょう。自分のこれまでの育ちのなかの愛情、親の自分への愛情に関しても不信感をもち、「?・」をつけるでしょう。

からだの発達に心がついていく思春期。そこにさしかかる前の、8歳、9歳、10歳のころのかかわりが、実はとても大切であることを知っておいていただけたらと思います。

子どもの心身症

「からだの変化」が最大の特徴である思春期。

そこにさらにストレスが加わっていくと、どうなっていくのでしょうか。

この表は、子どもがストレスを感じた際に表れる代表的な症状を、子どもの年代別に記したものです。とくに思春期に、かなりの症状が表れることがわかります。

「子どもはからだで訴える」と言われます。子どもの場合、年代的に見て身体的発達が著しい部位や器官は、その機能が不安定なため、そこに心身症を生じやすいという特徴があります。とりわけ思春期は、心理的にも生理的にもきわめて不安定であるために、失調を生じやすいのです。

そうした不調は、思春期のときのみに表れるという場合もありますし、大人になってから頻発することもあります。しばらくして再び症状が表れるというケースもあり、人それぞれ、表れ方はさまざまです。

部位	乳児期	幼児期	学童期	思春期
皮膚	湿疹	湿疹	いぼ、湿疹、多汗	いぼ、湿疹、多汗、慢性じんましん、円形脱毛、アレルギー性皮膚炎、毛髪抜去症
骨・筋肉		憤怒けいれん	関節痛、足の痛み、チック、緊張性頭痛	関節痛、筋痛、チック、緊張性頭痛、ふるえ
呼吸	息止め発作	気管支ぜんそく	気管支ぜんそく、神経性せき	気管支ぜんそく、神経性せき、呼吸困難、空気飢餓
循環器			偏頭痛	偏頭痛、心悸亢進、心臓痛、頻脈、不整脈、起立性障害
口・消化器	噴門・幽門けいれんによる嘔吐、下痢、便秘	嘔気、嘔吐、腹痛、下痢、便秘、食欲不振、遺糞	嘔気、嘔吐、腹痛、下痢、便秘、食欲不振、反すう、多食、口内炎、歯ぎしり、呑気	嘔気、嘔吐、腹痛、下痢、便秘、食欲不振、唾液分泌異常、反すう、多食、食品アレルギー、呑気
泌尿生殖		夜尿、頻尿、遺尿	夜尿、頻尿、遺尿	夜尿、頻尿、遺尿、閉尿、月経障害
内分泌			肥満	肥満、煩渇
神経		疲労しやすい	疲労、知覚障害、失神、運動障害	不眠、疲労、知覚障害、喉頭異常感、失神、運動障害、失声
感覚器		乗物酔い	乗物酔い、めまい	乗物酔い、めまい、耳鳴
その他	全身の発達障害	発熱、吃音	吃音	吃音

資料:『続　図説　臨床精神分析学』前田重治　誠信書房(1994年)

第一章

「愛着形成」と「母子分離」

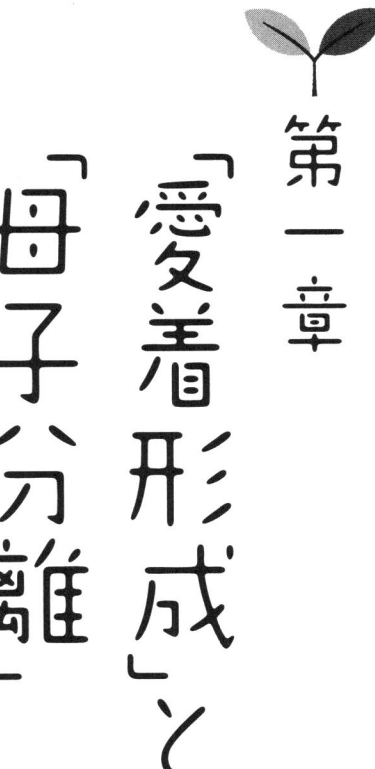

かわいがりすぎる親 どなりつける親

親は子どもを愛しているはずです。でも残念ながら、それが子どもに伝わっていないことが少なくありません。

子どもが反抗的な態度をとったとき、子どもに負けてはいけない、なめられてはいけない、と考える親たちがいます。そういう親たちは「大人をなめやがって！　こんな態度で社会に出られたら困る」と、「子どものため」に、厳しく制裁を加えたり、頭からおさえつけたりどなりつけたりします。彼らは一様に「これは愛情だ」と言いますが、子どもには伝わりません。

本当は、ある時期になったときに大人のほうが接し方を切りかえなければいけないんです。頭ごなしにどなりつけたりしても、中学生くらいになった子どもにはもう伝わらないいんだ、無理なんだということを、世の中の親たちにわかってほしいと、私は切に思っています。

「子どもになめられちゃいかん、生ぬるい！」「もっとガンガン軍隊みたいな教育が必要だ！　親もしっかりしろ！」という声も、まだまだ一部に根強いですが、今の子どもたちにはたくさんの情報が入っています。本当の愛情はそんなものではないと、子どもたちは知識としてすでに知っています。

上からどなりつける親も、すごくかわいがって赤ちゃん扱いをしているような親も、自分はきちんと「愛着形成」や「母子分離」ができていると思っています。でも実は、できていないことが多いんですね。

どこかでちゃんと、区切りをつけてあげないといけないんです。たとえば、３歳を過ぎて母子分離が始まっていくにもかかわらず、幼稚園で泣いた、誰かにいじめられた、といってはすぐに親が乗り出して、「相手が悪い！」というようなことをずっとやってきてしまうと、この子は母子分離ができず、育っていくことができません。「お母さんがいないと自分は生きていけない」と学んでしまうんですね。

また、まったく逆に、厳しく接した場合にもよくないことが多いです。まあ厳しくといっても、たぶんに親の都合によるのですが…。

子どもにかける過大な期待が子どもを抑圧していくというか、そのために厳格に接する場合、それは親の都合によるものですから、その都度言うことが違ってきます。多くの人は感情を使って子どもをコントロールしますが、そうした感情は変わりやすく、一貫性がありません。まだ一貫していればわかりやすいし、しかもお父さんとお母さんで統一されていればいいのですが、夫婦もバラバラ。そこで子どもは「愛されていない」と感じるのです。

「親が考えているのは自分の都合ばっかり」。思春期には、そういうことがわかるようになってきます。だから子どもがついていけなくなるんですね。

赤ちゃんから幼児へ

愛着が形成されていくのは、１歳半くらいからです。

「自分でやりたい！」「自分が自分が！」というのを出しながら、お母さんやお父さんの顔色を見たりして、どこまで許してもらえるのかを子どもなりに探りはじめます。自我が出てきて言うことを聞かないので、親にとってはいちばん面倒な、手のかかる時期。どうしても、頭ごなしに言いたくなる時期でもあります。

そんな難しいころに始まるのが愛着形成です。「自我が出てきて、親から自立したい。でもその半面、またしがみつく」という、相反する思いがあるのがこの時期なんですね。自立していきたい気持ちを尊重しつつ、思いっきりかわいがることをうまく共存させて接してあげれば、３歳くらいまでには愛着形成ができていきます。

愛着形成ができないと、母子分離はできません。

「愛着形成ができているかどうか、どうすればわかりますか?」と聞かれることがあります。

たとえばお母さんがちょっと離れてトイレに行ったり、ゴミ捨てに行ったりするときに、安心して待っていることができるなら、愛着形成ができていると言っていいでしょう。２歳半くらいから、できている子はできています。

逆に、お母さんがちょっと離れるだけでも泣き叫んで、トイレにもゴミ出しにも絶対くっついてくる子もいますよね。かなり多いと思いますが、そういう子は、まだ愛着形成がきちんとできていません。

お母さんはもちろん、心からいつくしみ、かわいがっていることでしょう。でもそれはもしかしたら、子どもの発達にそったものではなく、その子を必要以上に「赤ちゃんっぽく」扱っているのかもしれません。

自我が芽生えてきた子どもは、１歳半くらいから、赤ちゃんっぽく扱ってほしいとは思っていないようです。

「おっぱい＝愛情」という勘違い

あたりまえのことですが、子どもは、親とは別個の存在です。ものすごくかわいいわが子といえども、もちろん自分の一部ではありません。子どもの人生をちゃんと認めていかないと、子どもをそのまま愛することはできないと思います。

離乳食がかなり進んできた1歳は、もう「赤ちゃん」ではありません。「離乳」とは、おっぱいやミルクから離れ、子どもとして扱っていくことです。子どもの発達に照らしてみると、離乳食が順調であれば、1歳くらいから母乳やミルクを飲ませなくてもいいのではないかと私は思っています。

からだの発達は基本ですが、それに加えて1歳過ぎになると離乳食が進み、骨格がしっかりして筋肉もつきはじめてきます。

それを踏まえて私は、みなさんには、もっと子どもの心の発達に目を向けてほしいと思います。1歳から親のかかわり方を切りかえるべきだと思うのです。

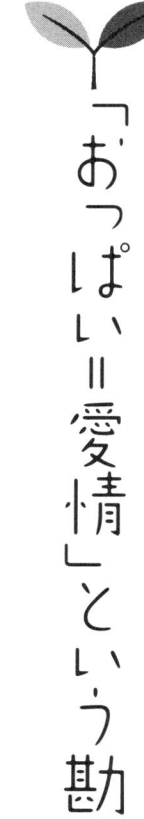

もちろん、子どもが「やってやって」と求めるなら、抱っこや添い寝はしなければいけないし、するべきでしょう。でも母乳は、とても赤ちゃんっぽく接することになってしまうので、いつまでもあげる必要はないと思います。

こういうことを言うと、ものすごく反対する人たちがいます。「1歳なら、いやいや2歳になってもまだ『赤ちゃん』でいいじゃないか」「そんな早い時期におっぱいをやめてしまったら、愛情がなくなってしまう！」と、非常に強い言い方をされることもあります。私は逆に、「母乳さえあげていれば愛情がある」と勘違いしていることに、とてもびっくりします。

また、早く成長させすぎるのはよくない、という人もいますが、私は、とくに成長を早めてほしいと思っているわけではありません。子どもの成長・発達に応じて、かかわり方を変えてほしいと言っているだけなんです。

もちろん、離乳食が進んでいるという前提は必要です。

離乳食が進んでいて、歯が生えているのなら、ちょっとかたいものもかみくだいて食べているわけですから、もう母乳の必要はないだろうと思います。8カ月くらいで歯が生えてきている子であれば、母乳を飲むときにかむこともよくあるでしょう。
お母さんが「痛い!」と言うと、その反応が楽しいのか、喜んでかんだりします。それはもう遊びになっている場合もありますから、もしかしたら母乳自体は必要ないかもしれませんね、ということなんです。

「いらないと言うまで吸わせてあげてください」と言う人もいますが、子どもは「もうごはんを食べているからいらない」とは、けっして言いません。
「お母さん、抱っこして、遊んで」というとき、お母さんが忙しさを理由に無視したり、いつもスマホをいじっていたりして、いっしょに遊んだり公園に行ったりというかかわりがまったくなければ、その子はおっぱいから離れなくなります。子どもにとってはおっぱいだけが、唯一、お母さんとゆっくり安心して接することのできる時間だからです、その場合、子どもはいつまでもおっぱいを離しません。

授乳中のお母さんは体力的にも栄養的にもかなりのエネルギーを消耗します。いつも眠くてぐったり、からだもフラフラして、しっかりしません。子どもといっしょに遊ぶのも大変です。

おっぱいを離したら、お母さんもからだが楽になって動きやすくなり、いっしょに遊ぶことができるようになります。大事なのは、お母さんのからだがしっかりしてくることによって、子どもといっしょに遊ぼうという気持ちになること。1歳前でやめた多くのママたちは、『おっぱいをやめたら背すじがシャンとなった！』と言います。おっぱいを飲ませているあいだは、ずっと、どんよりと疲れた状態が続いていたのだと思います。

多くの子どもたちは、1歳くらいから、お母さんから離れて自分の足で歩んでいこうと

しています。そこで赤ちゃん扱いをしたら、子どもの発達から言うと逆になってしまうんですね。

子どもは、母乳から勝手にひとりで離れていくと思っている人が多いようです。

私は、前述のようにお母さんが子どもといっしょに遊ばないとか、お母さんが自分に引きつけるためのテクニックのひとつとして母乳を使っている場合には、子どものほうから離れていくことはないと思います。

母乳をすでに卒業している子は、そんなことをしなくても「ねえねえお母さん、遊んでよ」と、ちゃんと言葉や態度で言えます。いつまでも手でママのおっぱいをまさぐって安心しているのは、おかしいと思いませんか？

ひょっとしたら親のほうが、ほかのかかわり方をするのが面倒なのかもしれません。その子の年齢に応じていっしょに外で走りまわったりおうちで積み木をしたりするのは大変！　おっぱいをあげているほうが楽だわ、という考え方です。

もしそうであるなら、私には、すごく間違っているような気がします。

愛着形成ができているかどうかは、前述のようにゴミを置いてくるとかトイレに行くとか、ほんの一瞬お母さんが離れたとき、その子がどういう行動をするのかによってわかります。お母さんが立つだけでぎゃあぎゃあ泣きわめいたりするのは、やっぱり、いつまでも自分のそばにいてちょうだい！　ということなのでしょう。

それと、お母さんが離れたとき、お母さん自身が安心できているかどうかも重要です。お母さんが、離れたときに子どもが気になって気になってしかたがない、というふうにしょっちゅう姿を追っているようではダメです。お母さんのほうも「自分のそばにいてちょうだい！」ということになりますから。

親が離さないのは子どもが離れないから

2〜3歳くらいになってくると、子どもは友達を求めはじめます。お母さんよりも友達のほうが大事になってくるんです。

子どものほうから離れていってしまうので、どんなに引き止めようとしてもうるさがられます。それなのにお母さんは、自分がさみしくなるものだから、やっぱり引き止めようとするんです。子どもにくっついていったり、よけいなことをしたりします。

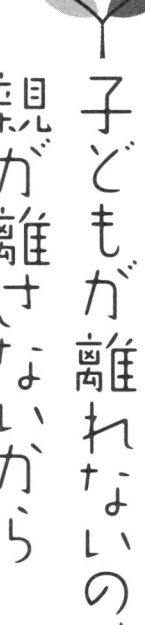

3歳児健診でよくみられるのが、「この子、私から全然離れないんです」「内診のときも歯科検診でも泣いてばかりで、いっときも私から離れなくて…」と言うお母さんです。そういう親子が保健師に連れられ、臨床心理士の私のところにやってきます。

お母さんと話をするあいだ、子どもたちは、おもちゃがたくさんあるプレイルームで保健師と遊んでいます。「こっちで遊んでいてね」と言っても、この子はお母さんの洋服にしがみつき、お母さんのそばから離れません。

保健師がおもしろそうなおもちゃを持ってきます。ほかの子がキャッキャッと遊んでいる声が聞こえたり、姿が見えたりします。

私はお母さんに「子どもを抱えてもいいから、手はしっかり添えないで」と伝えます。手を添えなければずり落ちるでしょう？　本人がお母さんをしっかりつかんでいない限り、子どもは下に落ちてしまうんです。

子どもがずっとお母さんにしがみついているのは大変です。おもちゃがいっぱいあって、ほかの子の楽しそうな声がして、保健師が「これおもしろいよ」「わ〜、電車があるねえ」なんて言うのが聞こえてきたら、そっちのほうが気になってきて、つい目が行きます。そのうち、だんだんとお母さんから離れ、おもちゃのほうへ近づいていきます。

面談中のお母さんは、自分のまわりを手でまさぐって子どもを探します。たとえ離れたとしてもわが子は自分のそばにいるに違いない！　と思っているんですね。

あるいは話している最中にも、子どものほうをしょっちゅう見ます。気になってしかたがないように、チラチラと目で追うんですね。話が上の空になるので、そんなとき私は「さわるな!」「見るな!」と言います(笑)。

「うちの子、私から離れないんです〜」という場合は、たいてい「お母さんが離さない」ことが多いです。お母さんが子どもと離れられず、手を出したり目で追ったりということがずっと続いてしまうと、母子分離ができません。多くの子どもは、お母さんから離れても保健師やほかの子と楽しく遊んでいます。お母さんのほうが不安なんですね。たとえばお母さん自身に姑との関係や夫婦の問題などがあり、そのためにその子にしがみつくというような状態も少なくありません。

お母さんが目で追うと、子どもはお母さんが見ていることを気にします。「お母さんのそばに来なきゃいけない」「やっぱりお母さんとは離れてはいけないんだ」と、子どものほうが気を使うんです。変でしょう?

きっとその親子のあいだには、そんなことが日常的にあるのではないかと思います。

子どもの動きをよく見よう

いわゆる健康な母子分離は、愛着形成と同じく、1歳半くらいから始まっていきます。本来ならば自我が芽生えてくるころに愛着がしっかりできてきて、母子分離が確立され、成長していくのに、そこにたとえばお母さん自身の不安や心配があってうまくいかないと、ちょっとずれていくんです。

愛着形成は早い子であれば、生後7ヵ月の人見知りのころから始まります。「この人は絶対守ってくれる、甘えられる！」と感じられ、ほかの人との区別がはっきりできるようになるんですね。人見知りは言ってみれば、自分を本当に愛してくれる人と、そうでない人との区別ができるようになることです。7ヵ月くらいからもう、しっかりわかっているんですね。

大人がいつまでも赤ちゃん扱いしているあいだに、子どもは「この人はたしかに自分に愛情をもって保護してくれる人だ」「この人は違うんじゃない？」ということが理解できてきて、人見知りが出てくるわけです。そのころから愛着形成が芽生えてきているんですから、もう赤ちゃん扱いしている場合ではないことを、おわかりいただけると思います。

じゃあどうすればいいのか、という方法は、とくにありません。でもお母さんならきっと、子どもの行動や動きをよく見ていればわかると思います。

子どもがやたらとうるさがるとか、自分でなんでも「やるやる！」と言いながら、その半面しがみついてくるなど、そういう相反することがありますが、そのときそのときにしっかり目の前の子をちゃんとみて、きちんと向き合って接してあげましょう。どちらにしても、すっきりくっきりとはできません。おそらくは押したり引いたりしながら、かかわっていかなければならないでしょう。

赤ちゃんから子どもへ変わるころ、集団教育、すなわち幼児教育が始まる3歳過ぎのころまでには、親の意識も変えていくべきだと思います。

3歳過ぎから8歳までのあいだには、また大事な5歳というのもあります。

男女の区別や情緒の発達は、４〜５歳くらいから大人と同じように育っていきます。それもすごく大事で、それを経て８歳、９歳、10歳に入っていきます。一気に赤ちゃんから思春期になるわけではありません。

幼児期も大事なんですが、それを受けての８歳、９歳、10歳、前思春期がやはり重要です。そのころに自我の発達を豊かにしてあげられることができれば、その子は安定していきます。

Column

変化していく友達関係

幼稚園〜小学校

子どもの友達との関係は、小さいときから少しずつ変わっていきます。

幼稚園のころの友達関係は、べったりくっついて、いつもいっしょ。その子が引っ越していなくなったりすると、とたんに元気がなくなってしまいます。

幼稚園や保育園では、5歳くらいになると「男の子」「女の子」というふうに分けながら友達になります。それまではあまり男女の違いを意識せずに、なんとなく「クラスのお友達」という感覚が強いんです。

幼児期の子どもにとって友達よりも大切なのは、先生との関係です。先生が自分のことをどう思っているのか、それによってクラスでの自分の居場所ができ、その次の段階として、友達がつくれるんです。先生との関係が不安定だと、友達はつくれません。まずは先生との関係からなんですね。

小学校の1〜2年生までは、幼稚園や保育園の延長のような感じで過ごします。自分の担任の先生がどんな人かがいちばん気になるでしょうし、それから、男の子であれ女の子であれ、同じ幼稚園からいっしょに来た子とは仲がいいでしょう。男女の区別もなく、なんとなく幼稚園からの続きという感じで、知っているお友達は安心、というのが続きます。

その後、8歳くらいから友達関係が変わってきます。男の子も女の子も、同性で「つるむ」ようになっていきます。何人かでグループになり、そのグループの中で友達関係をつくるわけです。グループは同性のみ。異性は入れません。4人ぐらいでとても仲よくなって、でもまだそのころは、ほかのグループの人としゃべっても大丈夫という感じでいられます。

同性の友達関係が徐々に絞られていき、クラスの中ですごく大事な友達、というふうになりますが、まだそのころは、クラスがえで新しいクラスになっても、その中でまた別の「すごく大事な友達」をすぐに探すことができます。前の年に仲よしだった友達とは別に、同じくらい仲よしの友達を今の自分のクラスでつくるんです。まだ小学生のあいだには適応できるんですね。

また、女の子の場合には、5年生か6年生くらいから「お友達のいない子」が出てきます。友達はいるけれど、なんというか、つかず離れず。自分ではすごく仲がいいと思っている友達がある朝、知らない子とこそこそ話していたり、突然避けるような感じがしたりといった「いったいこの一日で何が起きたの?」というような例もよく耳にします。

「友達がいない」ということになると、しだいに学校での居場所をなくしていきます。

第二章

本気でかかわる親になろう

頭で子育てするお母さん

思春期や前思春期の子どもに対して、最近はとくに「本を読んで勉強したから、すべてわかっていますよ」という態度をとるお母さんが多くなっている気がします。目の前の子どもと接することも少なく、「この子は今、そういう時期なのよね」と、本で得た知識を駆使してみんなわかっているつもりで応対する、いわゆる「頭でっかち」の人たちです。

そういう場合には、子どもが本当にお母さんやお父さんにぶつかることができません。それが実は、とても困るんです。

子どもはからだの変化と同時に心も大きく揺れていて、大人に対してもとてもイライラしています。それをどう伝えたらいいのかわからず、本当に戸惑っているんです。

そういう本人の戸惑いや困惑を本気になって受けとめず、頭の隅っこで処理して「わかってる、わかってる。あなたは今そういう時期だからね」と適当に軽く流してしまうと、子どもは非常にいやがります。そうした親の対応に対して、「じゃあもっと変なことしてやろう」「あいつが振り向くまでギャアギャア言ってやろう」というふうに考える子が出てきて、むしろ逆効果になることが少なくありません。

ある子は自分の親のことを「自分の大変さをわかろうともしないで、みんなわかったつもり。それがものすごくいやだった」と教えてくれました。

子どもの行動に対して「そんなのもう知っています、あの本のとおりだわ」「今は見ぬふり、聞かぬふりをして、黙って通り過ぎるのを待っていればいいんだわ」というふうにやり過ごすのは、一見、落ち着いたいいお母さんのように感じるかもしれませんが、私は違うと思います。

わかったような顔をしてやり過ごすより、お母さん自身が不安になったり、イラついたりすることのほうが大事でしょう。生の子どもにぶつかる以上、やりとりの中でカチンときたり、「そんな生意気なことを言って!」と言いたくなったりする気持ちはあたりまえ。すべてきれいにスッキリ、とはなかなかいかないものです。

子どもといっしょに悩んで迷って

1歳半から3歳の、自我が芽生えてくるころを私は、「子どもの第一自立期」と言っています。そのころにもやはり、「私はなんでもわかっています」という態度を取るお母さんが少なくありません。

小さいときからそういうふうに、「そうなんです先生。この子は今、ギャアギャア言ってなんでも自分でやりたがる時期なんですよね」「待っていればやれるとわかっているので、待っていてあげているんです。でも、やらないんです」などと、頭の中の知識で判断します。

本当はそうではなく、もしかしたら子どもはやりたがっているけれど、思ったようにできなくて困っているのかもしれません。そのときには「どうやったら手助けできるかな」「部分的にでも手伝うならどういうふうにしたらいいかな」と、子どもといっしょになって、真剣に考えてほしいんです。

わかったような顔をして、わかったような言動をするお母さんに育てられた子どもは、すごく「妙」です。なんというか、本当の気持ちを出しません。お母さんが出していないからだと思いますが、ある意味、表情が豊かでなくなります。

いつも平淡な感じで、おもしろいことをおもしろいと感じない。いやなこともいやだと思っていない。そもそも、どっちなのかよくわからない。そんなふうに見えます。

数は多くはありませんが、そういう子のお母さんたちは、お母さん自身がかつて「知識で育てられた子ども」だった可能性もあります。お母さんが知的なものを前に、感情をおさえこんでいるんですね。

「この時期に、この子がこうしてぐちゃぐちゃ言うのはあたりまえ。今は見て見ぬふり、聞こえぬふり」と、子どもが静まるのを待っているわけです。本気で接すればときにはカチンとくるし、イライラもします。むしろそのほうがいいのに、それさえもしようとしません。

これはおそらく、そうやってカチンとくる自分のことを未熟だと感じてしまうのでしょう。そういうふうに本にも書いてあるのかもしれませんし(笑)。でもそれではやっぱり、子どもの感情表現も乏しくなります。

子どもといっしょに本気で悩み、本気で迷ったら、お母さんにはなんでもお見通しよ、と落ち着いてなどいられません。そりゃあイラッとしますし、やっぱりいろいろと口をはさみたくなってしまうし、いやな表情もしてしまうでしょう。ときには「何言ってるのよ！」なんて、声を荒らげてしまうこともありますよね。


でも、それがあっていいんです。お母さんがイライラするのもあたりまえだし、むしろ必要なことでしょう。神様ではないんですから。

どんなに子どもが小生意気になっても、子どもと大人の違いはまだあります。そして大人として、道しるべを示していかなければならない責任もあります。

いけないことは「いけない」と言うべきだし、理不尽なことには理不尽だとはっきり言うべき。ときには「お母さんだって人間だから腹が立つのよ」と言ってもいいでしょう。それは親子としてだけではなく、人と人とのかかわりとして必要だと思います。

思春期は ザ・理不尽!?

　思春期の子どもたちの話し方には、波があります。けっこう本人の気分しだいの波で、「あれ、急にすごい気分屋になったのかな?」と感じるかもしれません。

あるとき、たとえば落ち着いてお茶を飲んでいるときなどにうるさいほどしゃべってくることもあるし、そうかと思うとこちらから聞いても何も答えず、妙に不機嫌に「うるさいなあ、何?」と言うときもあります。それも非常にひんぱんに!

　勝手にベラベラしゃべっているときには、黙って聞いてください。というか、聞くしかありません(笑)。本当にもう「うるさい～～!」と思うぐらい、歌まで歌ってずーーっと止まらない、なんてことも、わりとよくあります。


　からだが大きく変化してきている時期ですから、やっぱり感情の起伏も激しくなるんでしょうね。本人はそれに周囲を巻きこもうとして、巻きこまれてくれないと勝手にイラつくんです。本当に勝手なんですが(笑)、まわりのことはおかまいなしで、自分のコンディションやペースだけが基本。自分がこういうときにはこうしてほしいという、勝手なマイルールがあるんですね。

「そうだね、そうだね」といっしょにつきあって聞いてほしいときがあるかと思うと、さっきまで自分でしゃべっていたくせに、こちらから何か聞くと「静かにして！」（笑）。

自分が話したくないときに話しかけられたくないんです。理不尽といえば理不尽そのものですが、それでも中学3年生くらいからは、だんだんと落ち着いてきます。さすがにそれでは受験を乗り越えられませんから。でも、新たな挑戦である受験そのものにもイラつくんです。不安がいっぱいなんですね。

小学校3年生くらいから始まったイラつきが、5年生ぐらいで1回「まとまって」（落ち着いて）、6年生でわりといい子になって卒業していきます。そして中学に入ってすぐ、2学期ぐらいからまた出てくる、というような流れがあるんです。

大人の入り口に大切なもの

8歳、9歳、10歳は、「私のママとパパは本当のママとパパなの?」「本当のお母さんはどこにいるの?」などと思いはじめるころです。それだけでなく、「自分は生きていてもいいのか」「なぜ生きているのか」「自分は社会の中で存在する価値のある人間なのか」など、そういうことを本人が勝手に考えはじめる時期でもあります。その考え始めだから「前思春期」というんですね。言ってみれば大人になるための入り口に立っているときで、だからこそ、そのころの接し方はとても大切なんです。

子どもが親に向かってなにかとうるさく言うときは、親自体に対しても比較・検討しています。自分の理想とする親と現実の親が違ってくると、親に向けてすごく批判的になっていきます。そうしたことがきっかけで、「もしかしたら本当のお母さん・お父さんじゃないのかな…」と思いはじめるのかもしれません。

この時期に「あなたにはあなたのよさがあって、いろいろなことを十分に楽しんでやれる能力もあるよ」とたくさん言ってもらった子は、自信がもてます。でもそのころに、何かのはずみなどでそれを否定されてしまうと、自分のすべてが否定されたように思えてしまい、子どもはとても自信がなくなってしまいます。これは親によるものとは限らず、学校の先生にもあてはまります。

クラスの中でひとりひとりをちゃんと認めてくれる先生にあたるとすごく自信はつきますが、十把ひとからげでそれぞれの子どもたちをほとんどみていない先生にあたると、「いつもみてもらえていない」という感覚ができてしまい、「どうせ自分なんて…」と感じてしまうようです。

万が一、学校がそういう状態であれば、少なくとも親は、その子をしっかりとみていてあげたいものです。みていてあげたいというか、その子自身に、「そばで見守られている」ことを感じてもらいたいと思います。

難しい時期だからこそ、「勇気づけ」を

そこで、「勇気づけ」のようなものがこの時期には必要になってくるんです。

「普通にやっているあなたには、すてきなところがたくさんある」

「特に秀でているわけではなくても、一生懸命やってる。毎日毎日同じことの繰り返しだって、すごく努力してるんだよね」

というようなことを言ってあげるだけでも、子どもは違ってきます。

でも、このころはちょうど、子どもが小生意気になってくる時期でもあり、勇気づけが難しいんです。だからこそこの時期に本当に勇気づけしてもらえた子どもは、10歳で自分の人生の方向性を決めるといわれています。10歳で自己肯定感のようなものがしっかりできてくるんですね。本当に10歳ぐらいですでに「自分は大丈夫」と思っている子はいます。

ときには甘えたりすることはあっても、自分で冷静に決めて実行して、根本のところをわかっているというような子です。自分で「やりたい」と言ったことはやる。音をあげない。こういう子は、やっぱりそのまま成長していくことが多いですね。

また、非常に意志が強く、誰もやれとは言っていないのに自分でここまでやろうと決めて実行する子もいます。「負けたくない」という思いが強いんですが、一見ボーッとしているように見えて、負けん気が強いことを絶対出さない子も少なくありません。

このように、10歳ぐらいでしっかりしてくるのはいい例ですが、そこまでしっかりしないでそのままいくこともあります。というか、そのほうが大多数です。

8歳、9歳、10歳で勇気づけしてもらえずにいってしまった場合には、この子は何を望んでいるのか、何をどうしたいと思っているのかが周囲にはまったくわからず、本人にももちろんわからないまま、ボーッとした感じで年齢を重ねていくでしょう。

そういう場合には、中学生になってから、ごちゃごちゃして整理できていない自分をそのまま、たくさんぶつけてきます。おそらくそれまではボーッとした、「いい子」できていますから、何を考えているのか周囲にも非常にわかりにくかったはずですし、親はもしかしたら、その片鱗《へんりん》も感じていなかった可能性もあります。実際にぶつかってきたときには、とてもびっくりするでしょう。

びっくりしながらも、子どものようすをジーッとみて、「こういうときには反応しないほうがいいんだな」とか、「こういうときはちゃんと向き合って『もういいかげんにしなさい』と言うべきなんだな」ということをまわりが整理し、その子を支えてあげることが必要になってきます。それがいわゆる「第二の自我の芽生え」です。

子ども自身が、そうやって芽生えてきた自我を成熟させようと、「自分」というものを見つめていこうとしはじめている。だからこそ、親や大人との衝突が多くなっていくんだ、ということを、まず理解してあげてほしいと思います。

子どもがそういうものを出してきたときにはきっと、とても困ると思いますが、それがおそらく思春期の最も一般的な状態であると思いますし、そのときにどう接すればいいのかが、いちばん知りたいことだろうと思います。

「やっていい衝突」「やってはいけない衝突」

思春期の衝突には、「やっていい衝突」と「やってはいけない衝突」があります。

子どもがガンガン、上から怒ってきて脅したり、わがままを言ったりして要求を通そうとするのを全部かなえてあげることが「受け入れる」ことではありません。それは親のほうできちんと整理しておいたほうがいいでしょう。

たとえば「金をくれ」と子どもに言われたらどうでしょう。

ふんだんにお金をあげるわけにはいかないし、どんなに「くれよ！」と言われてもあげられないなら「あげられない」と言わなければいけません。もしお金をあげることにするなら「おこづかい制にしようか」などと話し合う必要があります。

子どものイライラする気持ちを理解してあげたとしても、それはそれ。いつでも自分の思いどおりにはならないことを、子どもに知らしめなくてはいけません。

ダメなときは「ダメ」とはっきり言わなければならないので、親も自分というものをしっかりもって、ここは頑張らなければいけないんです。

親自身に自分の考えや、「これは今、させてはいけない」という信念のようなものがなければ、しっかりした対応はできません。「金をくれ」と言われて、あたりまえですが野放図にあげてはいけないし、ちゃんとおこづかい制にするなどの枠組みを、子どもときっちりと話をして、いっしょに決めなければなりません。

決めようとする場合、子どもが怒り狂っているときにそんな話題を出してもダメです。そこで親には、子どものようすをみながらそういう話ができるかどうかというタイミングを見計らい、そこに照準を合わせていく必要が生まれてきます。そうした加減は、親が自分でコントロールしないとダメなんです。

やみくもに「ダメダメ」と言うだけでも、もちろん「いいよいいよ」と言うだけでもよくありません。子どもの言葉をきちんと聞いたうえで、「今はこういう状態だから、こういう理由でダメだよ」と、はっきり言うことが大事です。ちゃんと聞いているからこそ、「ダメだ」と言えるのですから。

「なんでお金が欲しいの？」「友達と遊びに行くのにジュースを買うお金がない」。
おこづかいをあげていれば、「この前おこづかいあげたよね。あれはどうしたの？」と聞かないといけませんよね。

おこづかいをもらっていない子なら、「ジュースは1本にするの？　2本にするの？」「電車賃はどうするの？」とかでしょうか。

ちゃんと聞いたうえで、それであげられるのであればあげればいいんです。「3000円ぐらいいる」と言われたら内訳を聞くべきだし、多すぎると感じたら「そんなには必要ないね」と言うべきでしょう。「そんなにはあげられません」「1000円だったら大丈夫ですけど」という話し合いをしなきゃいけないんです。

「3000円くれよ」と言われて3000円あげてしまったら、脅せばどんどんたくさんお金がもらえると学んでしまいます。そのあたりは、ちゃんと分別をもって応対しなければいけないんですね。

思春期になってくると、親とだけ行動するのではなく、友達と遊ぶことがふえてきます。電車に乗って「ちょっと行ってくる」というのもありますよね。たとえばライブに行くのを許すかとか、ゲームセンターにプリントシールを撮りに行くのはダメとか、それぞれの家でさまざまなルールがあります。そうしたときに、子どもに「なんでうちはダメなの!?」と言われることもよくあるでしょう。そのあたりも悩ましいところではありますが、でも、そこもやっぱり親が、自分たちのポリシーのようなものをはっきりと伝えればいいのではないか、伝えるしかないのではないかと思います。

親の財布から盗むのは

思春期に親の財布からお金を取ってしまう子もいます。単純に遊ぶお金が欲しいからということではありません。遊ぶお金が欲しかったら「ちょうだい」と言えばいいことですよね。

お金を盗むのは親との関係性が悪くなってから。親への「復讐」のひとつなんです。

復讐は、心が離れてきたときに見られます。親に理不尽に叱られたとか、自分がこうしてほしいと思って表情や言葉に出したのに聞いてもらえなかったというようなことがあると、どこかで心が離れていきます。

復讐にはいろいろな方法がありますが、手っ取り早い復讐は、親の財布から断りもせずにお金を盗むことなんです。

遊ぶお金が欲しかったのに、言ってても言ってももらえなかったから盗む、ということもあるかもしれませんが、それはその子の「欲しい」「遊ぶ」ということについてちゃんと聞いてくれなかったことへの復讐。だから、盗むのは「復讐」なんですね。

財布からお金が抜かれたりすると、親は、今までの子育てが間違っていたのではないかと大きなショックを受けます。子どもの目のつくところにお金を置いておくとなくなってしまうので、鍵つきの引き出しにしまったり、わからないところに隠したり…。家の中に泥棒がいるような感覚になってしまいます。その逆に、いつでもひっくり返せばポロポロ小銭が落ちてくるような状態の五百円玉入れや貯金箱などが目の前にあっても、まったくさわらない子もいます。それが「関係性」がいい状態なんです。

復讐である盗みは、8歳ぐらいから始まります。親との関係性が悪くなり、まずお店で万引をしたりします。でもそれは、本当に欲しいものではありません。そしてそのうち、親の財布から盗みはじめます。

高校生のとき、お母さんからカードを盗んだ男の子がいました。ローンのためにカードに入れていた、かなりの金額のお金をほとんど使ってしまったそうです。それは、愛人をつくった父親への復讐でした。復讐には、相手を尊敬できなくなってきたときに憎むという意味に加え「言いたいことをその行動に託す」というような意味合いもあるんですね。

万が一盗まれているとわかったら、慎重にお金の管理をしたほうがいいでしょう。そのうえで、ふたりだけでどこかへ散歩に行ったり、なんでもいいから話をしたりゲームをしたりして、子どもとたくさん遊んでください。親といっしょに遊ぶと、子どもの心が少し落ち着いてきます。「うちの子、もう大きくなっちゃったから…」というお母さんもいるかと思いますが、いっしょに遊ぶのは、大きくなってからでももちろんいいんです。トランプだって花札だってボードゲームだって、大きくなってからやってもおもしろいですよ。おそらくそういうことがあまりなく、心が離れてしまったのではないかと思います。

子どもの勇気はすぐにくじけていきます。
「復讐」を含む「勇気がくじけていく段階」については、次の章で詳しく説明します。

第三章
「勇気づけ」と「勇気くじき」

子どもの状態を行動からみる

「子どもの勇気がくじけていく段階」というものがあります。
フロイトやユングと同時代に生きたオーストリアの精神科医、アルフレッド・アドラーによるもので、3歳ぐらいから10歳ぐらいまでの子どもの勇気がどれぐらいあるのかを推し量ることができる考え方です。

日本語で「勇気」というと、「危険を恐れない勇ましい心」のようなイメージをもつかもしれませんが、アドラーの言う「勇気」は、いってみれば「生きていく力」のようなもののこと。それをつけていくのが「勇気づけ」で、反対の意味で「勇気くじき」という言葉も使っています。いわゆる日本語の「勇気」ではなく、「生きていく力」をつけていく、もしくはそれがくじけていく、と言われると、合点がいくのではないでしょうか。その「生きていく力」をつけるのも、またくじけさせていくのも大人であると、アドラーは言っています。

アドラーによる子どもの勇気がくじけていく段階の表を、P70〜71に掲載しました。その表に照らしてみると、子どもの行動がとてもわかりやすくなります。この表に記されているのはすべて、「適応のよくない子」ということになりますが、前の章で少しふれた「盗む」は、表中の目標の❸「復讐」の中に入っています。

自分が自分だという「勇気」がくじけていくのは、2〜3歳ぐらいから始まり、10歳ぐらいまで続きます。

勇気がくじけていくときにいちばん最初に出てくる行動が、表のいちばん左上にある目標の❶「注目・関心を集める」です。

特徴としては、とにかくうるさい！「ねえこれやって、あれやって」と絶えず大人のまわりにいて、注意を引きはじめます。親のやることにいちいちケチをつけたり注文をつけたり、「なんでそんなことするの？　おかしいよ！」と意見したりします。

そのくせ「いっしょに勉強やってよ、わかんないんだからみてくれるのがあたりまえでしょ！」なんて言ってくることも多いです。なにしろいると「本当にうるさい！」という感じがすると思います。

目標❶「注目・関心を集める」の欄から下の方向には、共同体感覚が大きくなっていく行動が段階的に描かれています。下に行くにつれて、「怠惰」→「厄介者」→「魅力・愛嬌」→「成功」と、徐々に社会性が高まっていく（より人とかかわる）んですね。

「注目・関心を集める」のひとつ下の欄の『怠惰』というのは、はずかしがり屋とか能力がないとか、できるのにやらないとか、気持ちが変わりやすくなったなどの状態です。だらしなかったり、不安や、偏食があったりします。

それがもっと活動的・破壊的になると、『厄介者』になります。見栄を張ったりおどけたりいやに着飾っておませになったり、しょっちゅう質問ばかりしたり、小さないたずらをするようになります。

さらに、より社会的に適応している子は、『魅力・愛嬌』があるといわれます。愛想がよく、模範的な子ども。「誇張された真面目さ」があって、利発に話をしまじめさをアピールしていきます。先生に自分からすすんで「先生、次は何をしたらいいですか?」と聞くような、いわゆる「いい子」です。愛嬌が〝過度に〟あるということで、「教師のペット」というふうに、少し意味ありげに書かれています。

そしてもっともっと活動的・建設的になって、注目や関心を集めるのに『成功』した子は、気の利いた意見を言ったりすごく成績がよかったり、注目を得るため、人目を引くために行動するなど、もっともっと「いい子」なんです。一見理想的な生徒のように思えますが、これは全部、教師にとって。教師が望んでいる子に合わせているんですね。

学校生活においては、先生にうまくとりいって成績もよければ問題はないですよね。でも、次の先生がそういう子を嫌いだったらどうでしょう？「今度の先生は、何をやっても認めてくれない」ということになると、「いい子」はがらりと変わってしまいます。先生の悪口をたくさん言って「あの先生はダメ！」と言いはじめるのです。

この子たちの目標は自分の立場の向上であり、協働ではありません。ですから実は、裏ではすごくイヤな子なんです。こういう子は、残念ながらけっこういます。

大

	❷ 力を誇示する 破壊的な注目集めと似ているが、より強烈	**❸ 復讐** 友達や大人、他人の心を傷つける・うぬぼれる・仕返しをする	**❹ 無気力・無能力さを示す** 威信を守るために現実の、あるいは想像上の欠陥（不足）があるように装う
	頑固 怠惰・不服従・わざと忘れる	**激しい消極性** 不機嫌に黙り込む・反抗的	**希望のなさ** 愚かさを示す（偽りの虚弱な精神）・なまける・愚かな行動をする・劣等感がある
	反逆者 言い争う・反駁する・禁じられた行為を続ける・かんしゃく持ち・悪い習慣がある・嘘を言う・のらくら過ごす	**不道徳者** 盗む・暴力的・粗暴（非行少年のリーダー）・おねしょ	

この表は、適応のよくない子どもの行動を段階的に表したものです。10歳までの落胆した子どもの行動が描かれています。目標が❹から❸に移ったなら、子どもの行動が改善されたということになります。

資料：『やる気を引き出す教師の技量』ルドルフ・ドライカース／パール・キャッセル　一光社（1991年）

アドラーによる「子どもの勇気がくじけていく段階」の表

適応のよくない子ども 子どもの好ましくない行動の目的の見分け

小 ← 落胆の度合

小 ↕ 共同体感覚（「社会のなかで生かされている自分」という感覚） 大

目標	**❶ 注目・関心を集める** 承認あるいは地位の証明を集める（就学前の児童にはほとんど一般的）・叱られたり注目が得られるとやめる
無益で歓迎されない行動 受動的　破壊的	**怠惰** はずかしがり屋・能力がない・気持ちが変わりやすい、スタミナがない、だらしがない、勝手気まま、軽薄、不安がある、食事に問題がある（偏食など）
活動的　破壊的	**厄介者** 見栄をはる・道化者・おませ・歩く「疑問符」（質問ばかりする）・タフにふるまう・小さいいたずらをする
有益で社会的に歓迎される行動 受動的　建設的	**魅力・愛嬌** 愛想がいい・模範的な子ども・利発に話をする・誇張された真面目さ・過度に愛嬌がある・教師のペット
活動的　建設的	**成功** （教師にとって）気の利いた意見を言う・ほめたり承認するに足る優秀さがある・注目を得るために実行する・人目を引くために行動する・特によい子でいる・勤勉である・信頼できる（理想的な生徒のようであるが、目標は自分の立場が上になることであって、協働ではない）

適応のよい子ども 適応のよい子どもは、次のような特性をもっています

ほかの人の権利を尊重する・ほかの人に寛容である・ほかの人に関心がある・ほかの人と協働する・ほかの人を勇気づける・勇気がある・自分の価値について本当にわかっている・所属感がある・社会的に歓迎される目標をもっている・純粋な努力をする・「自分がどれだけ得られるか」と考えるよりも、分かちあおうとする・「私」よりも「我々」で行動する。

甘えたい、でもはねつけたい…

結局、P70〜71の表の中の目標の❶「注目・関心を集める」の段階で、もう一度しっかりと、親に対しての分離を子ども自身が確認するんですね。

3歳くらいでお母さんと離れ、集団に入っていったとき、まだぼんやりした感じではありますが、母子分離がなされているわけです。それが8歳、9歳、10歳では完全に、もう「親は関係ない」という感じで、むしろ友達との関係や学校がすごく大事になってくるんです。

そこで、自分がはっきりした形で友達や学校集団に結びついていく前に、もう一度親との関係のなかで、「甘える」ということが出てきます。添い寝をしたり、朝方ふとんに入ってきたりするのもそれです。まるで退行しているような感じでやってくるので、お母さんが「かわいい〜！」などと言うと「うるさい！」なんて逆に突き放されます(笑)。

この時期には、甘えたいくせに、お母さんが甘えさせてくれて赤ちゃん扱いすると、それを強くはねつける、というような、相反した態度や言葉が多くみられます。だから親は戸惑います。「なんで?・」と思いますよね。こっちに来たから抱っこしているのに、触れただけでいやがるなんて…と。

8歳、9歳あたりでは、親が汚いとかうるさいとか、においがするとか、いろいろなことを言ってけなしたりすることも少なくありません。10歳くらいになるとそれらは少しおさまりながら、それでも少しそういう状態が続きます。もちろん精神発達年齢が遅れている子も、母子分離が遅れている子もいますので、個人差はあります。

また、遅れて出てくるならまだいいのですが、遅れているのに親のほうがまだ離さないということになると、そういう態度を出すことすらできません。アンビバレントな状態が出せないし、親に向けてなんだかんだといちゃもんをつけたりしない「いい子」になってしまいます。

「8歳、9歳ですごくいい子でした」という場合、中学になって反動が出ることがほとんどです。出るべきときに出たほうが、安心は安心なんですね。

「注目」から「戦争」へ

目標の❶「注目・関心を集める」が出てきたときに、それに対してちゃんと親や大人が注意を向けて認め、その子が何を望んでいるのかをわかってあげないと、次の段階に進んでいってしまいます。次の段階というのは、目標の❷「力を誇示する」。大人に対して戦争をふっかけるんですね。自分と大人のどちらが強いか、優劣をすごくつけたがるんです。破壊的な注目集めと似ていますが、より強烈、とあります。

目標の❷「力を誇示する」の行動は、やがて『頑固』になっていきます。

ここに書かれている怠惰は、先ほどの目標の❶「注目・関心を集める」の2段目の怠惰とは違い、不服従とかわざと忘れるとか、意思をもってわざと、という頑固さをもっています。

さらに活動的・破壊的になると、『反逆者』として言い争ったり反駁したり、禁じられた行為をわざとやったり、悪い習慣をやめなかったり、嘘を言ったりのらくら過ごしたりします。

嫌いな教師に対して忘れ物ばかりするとか嘘を言うとか、こういうことをする子はけっこういます。そうした行動は教師にとって、たまらなくイヤなものです。そうやって、怒らせるように怒らせるように、戦争をしかけてくるんですね。

当初の目的は「注目を集めたい」であったはずなのに、ここまでくるともう、目的はすりかわってしまっています。もはや注目を集めようとは思っていなくて、目的はとにかく「怒らせる」ということに変わってきています。

そうなってしまうともう、戻るのは困難です。先生も親たちも努力をしないといけません。

目標の❷「力を誇示する」でも、大人が一方的に頭からガツンとやって、子どもの言うことを聞いてあげなかったりすると、さらに次の段階に進んでいきます。それが目標の❸「復讐」です。復讐から下の『激しい消極性』などになっていくと、やはり注目とは似ても似つかない感じになります。

ただ、このあたりはまだ社会性をもっているので、なんとかほかの人を気にしながらやっている行動につながっています。復讐となると「他人の心を傷つける」「うぬぼれる」「仕返しをする」ということになっていきます。他人というのは、友達の場合もありますが、だいたいは大人。大人を傷つけるんです。傷つけるというのは暴力でではなく、ふいに黙りこんだり反抗的な態度をとったりして、心を傷つけるんですね。

もうちょっと社会性のある子であれば、『不道徳者』。盗みをしたり暴力的になったり、非行少年のリーダーになったり、おねしょをしたりします。

「おねしょ」というのは、小さいときからのおねしょではなく、4年生くらいできなりおねしょになってしまった子のことです。そういう場合には、何かが起きた、と考えるのが妥当でしょう。

何かきっかけのようなものはありましたか？　とお父さんやお母さんに聞くと、だいたいの原因はわかります。そのころにたとえば夫婦で離婚話が持ち上がっていたとか、毎日のようにケンカしていたとか、そういうことがあると、それが原因のひとつかもしれない、となるわけですね。

勇気が最もなくなる段階とは

目標の❶から横に４つの段階があり、復讐の次の段階が、目標の❹「無気力・無能力さを示す」です。表のいちばん右上の、生きていく勇気が最もなくなる段階ですね。学校にも行かないし、何もやりたがらない。自分の威信を守るために、現実の、あるいは想像上の欠陥があるように装い「どうせ頭悪いし、勉強できないし…」と、本当はできるのにやらない。「自分にはやる気がなく、能力もないので、どうせやっても期待には応えられません」「どうせ自分はバカなんだし、こんなことしかできないし、こんなに怠け者だし、そんな力はないし、自分では何もできないし」などと言い、愚かさを示すような行為をしたり、劣等感のある態度をとったりします。

もう少し共同体感覚がある場合には、ひとつ下の段階になり、『希望のなさ』をアピールします。アピールするだけまだいい、ということですね。

最低・最悪の段階である目標の❹から❸に戻ると、改善されたしるしです。「無気力・

無能力」よりは、「傷つける」「うぬぼれる」「仕返しをする」などのほうがまだいいんです。なぜなら、「自分はこのくらい、大人に対してできるんだ！」ということを、表に出しているからです。

目標の❹にはもはや、そういうことを見せる気力もありません。閉じこもってしまっている状況なんですね。

たとえ暴力的であったり盗みがあったり、どんな行動でも、外に向かって動きがあるほうがまだ対応のしようがあるし、困ったことがあっても向き合って対峙できます。しかし閉じこもってしまったらもう、向き合うこともできず、ただほうっておくしかないんです。不登校の子どもたちの典型がそれです。

ここまできてしまうと、親の手には負えません。解決するためには専門家の力を借りるべきと、アドラーなどは言っています。

子どもの勇気の状態をつかむ

カウンセリングをするときには、この表に照らしつつ、「今、この子の状態はどの段階まで進んでいるかな？」と確認しながら進めていきます。

「その次はこういうふうに進んでいくよ」「こういう状態だから今はこうしていこう」というふうに、大まかにでも、めどを立てることができるんですね。

さらに、診断のために、特定の質問をしていきます。「勇気のなさはどこまでいっているのか」「どこまで心がすさんでしまっているのか」を知るきっかけになります。

また、質問しなくても、子どもの行動を見たり聞いたりしているだけで、どこらへんまで勇気がなくなっているかがわかることも少なくありません。

たとえば、「万引ばかりします」という場合には、お母さんとの関係を考えます。万引をする子は、7歳くらいからたくさんいます。万引＝「盗む」ということですから、「復讐」。お店のものを持ってきてしまうんですね。

「復讐」は大人一般に対してですが、でもやはり、いちばん困らせたいのは親です。まずはお店の人に、お母さんたちが叱られます。もちろん子どもも叱られますが、まずは親が「こういうことをするなんて、どういうしつけをしているんですか?」と言われるでしょう。しかも子どもが小さければ小さいほど「ちゃんと家でかまっているんですか?」などと言われますよね。繰り返されれば警察に引き渡されます。

そこでいちばん嫌なのは親でしょう。ものすごく悲しいと思います。だから「復讐」なんですね。

「万引」だとすると、すでに目標❸まで進んでしまっていることになります。子どもの気持ちとしては、生きていくことに希望も何もなくなっている状況です。行動から読み取れる子どもの状態をお父さんやお母さんに徐々に伝えていきながら、たとえば学校ではどうですか、家ではどうですか、と、いろいろなことを聞いていきます。

それらの話のなかには普通に、子ども自身があたりまえにやっていること、できていることがたくさん出てきます。朝は自分で起きているとか、学校の準備を自分でしている、などです。

そのあたりのことができていて、まだくずれていなければ、そこをしっかり認めてあげます。「あなたがひとりで起きられることがすごくうれしいよ」というように、あたりまえにできていることにもっとたくさん注目し、言葉かけをしてください。

そうすると、目標❸の「復讐」が徐々に少なくなっていきます。子ども自身に「大丈夫だ、お母さんはちゃんとみてくれている」という安心感が出てくるんですね。「こんなことをしなくても、お母さんはちゃんと自分をわかってくれている」と感じるようになり、「復讐」をしなくなっていきます。

ただ、お母さんもすでにその子のことを「いやな子」と思ってしまっている場合には、みんながみんな、そんなにうまく行くとは限りません。おそらくわが子が万引をしたら、お母さんは「なんでそんなことをしたの！」と思うでしょう。自分のせいだとは、ほとんど思わないでしょうね。

そこで、それはまあ親子関係というか、お母さんだけではなく、お父さんとの関係のなかでも生じてくるものなんですという話をします。その時点で受け入れられない人はカウンセリングに来なくなり、きっとそのままで、それ以降ひたすら子どもを責めつづけていくので、おそらく目標の❹まで進んでいってしまうでしょう。

ゲーム 親と子の攻防

はじめの段階の目標の❶「注目・関心を集める」は、ちょっと聞くとよくありそうですが、自分に注意を向けたがるといっても、この場合は異常なほどうるさいんです。ちょっとやそっと言ったぐらいではおさまらないほど。尋常ではないうるささです。この、注意を向けたがる段階の前には、たとえば下にきょうだいが生まれて、親の関心がそっちに向いていったなど、何かしら親とのすれ違いがあったはずなんです。そういうときには、やたらに自分のほうに注意を向けたがりますから。

そこでうまく応えてもらえないと、だんだん「お母さんは（お父さんは）自分なんか、いなくてもいいと思ってるんだ…」というように、子どもの中で少しさみしさが募ってくるんです。そうすると次の段階（目標の❷「力を誇示する」）で、お母さんをぶってきたりします。戦争をしかけてくるときですね。言い争うとか、やってはいけないということを繰り返しやるという状態になり、ここでお母さんたちはかなり困ってしまうようです。

たとえば「ゲームは一日1時間！」と何度も何度も言っているのに、2時間も3時間もやってしまい、それで宿題をやる時間が遅くなり、夜中までかかってしまって結局、朝起きられない…。そういうことで困る人は本当に多いです。

よく耳にするようなケースですが、それも実は、もうすでにお母さんとの戦争関係に入っている状態なんですね。

「うちの子、いくら言ってもわからないんです…」というお母さんには、「もう本人に任せてほうっておきなさい」と言うこともあります。「そのかわり、朝は起こさないようにしなさいね。自分で起きられなくて遅刻したら、先生に叱ってもらうように」と言うと、ほとんどのお母さんはいやがります。先生にそこまで迷惑はかけられない、と言うんです。

でも、どんなに寝るのが遅くなって本人が起きられなくても、結局は毎朝お母さんが起こしてくれるのであれば、子どもはきっと、ゲームをやめません。その状態をまだまだずっと続けますか？

どこかで断ち切らないといけませんし、それと同時に、「ゲームをやめさせる」というところばかりに注目すると、そこだけがまた、大きくクローズアップされてしまうんです。

家族の決まりとして「ゲームは1時間以上はダメ！」と決めたお母さんがいました。お父さんとも約束したといいます。

「その決まりを守らなかったらどういう罰則にするの？」と聞くと、罰則は作っていません、と言うんです。たとえ1時間でやめなくても、お母さんが

文句を言うだけ。ぐちぐち言っているだけですから、子どもはやめるわけもなく、次の日にもまた続けますね。

ゲームを1時間でやめると決めて、やめなかったときには即、ゲーム機器を取り上げるとかソフトを取り上げるとか、そういう罰則は、たいていの親はつけていません。それでは、約束を破ったときにどうなるか、子どもは何も学びません。お互いにフェアに接するためには罰則は必要だと、私は思います。

また、このケースの場合、まず子どもに「ゲームをどのくらいの時間やりたいのか」と聞くところから始めるべきでしょうね。

子どもが自分で「1時間でやめる」と言ったら、じゃあそれができなかったらどうする？　と聞いていきます。「やめられなかったらお母さんが取り上げてもいいよ」とか、子どもとのやりとりのなかで約束していくんです。お母さんが一方的に言っているだけでは、おそらくちっとも変わりません。あくまでもルールは、子どもとの約束のなかでつくっていかなければいけないんです。

それからここでもうひとつ大事なのは、なぜ「ゲームは1時間」とお母さんがうるさく言うのか、子ども自身に理解してもらうことです。そこが本人にわからないとダメなんですね。

まずは、「ゲームを長時間する」→「寝るのが遅くなる」→「寝不足になる」→「朝起きられなくなる」という悪い循環が繰り返されることを理解させます。朝は自分で起きるという習慣がついている家庭ならわかりやすいかもしれませんが、ずっとお母さんが起こしてあげている家庭だと、「起きられなくなる」ということへの理解が難しいでしょうね。

そこで「自分で起きる」という朝の生活習慣の大切さが際立ってきます。そうしたことがくずれているのであれば、もう一回立て直していくんです。

「ゲームをする時間を1時間にする」ということとは一見関係なさそうに思えるかもしれませんが、遠回りにみえても実は、そこが大事なところなんです。

生活のリズムをもう一度見直して、まずは「起こさない」「自分で起きる」ことを徹底していきます。そしてそれと同時に、本人があたりまえにやっていること、できていることにも目を向けます。それは「同時に」やっていく必要があります。それをしないと、すでにできているところまでもがダメになってしまいます。

あたりまえのことでもできていれば、「おいしそうに食べてくれてありがとう」「ひとりで起きてくれてうれしいわ」などと、口に出して言うように心がけましょう。

親からすると、どうしてもできないことばかりに目がいきがちですが、子どものできることとできないことの両方を同時にみていかないと、公平さを欠くことになってしまいます。

朝、ひとりで起きることができなかったら、それはそこからやり直し。でも、出かける支度は自分でやっています、というなら、その部分に関しては「自分でやってくれてありがたい」という気持ちをもちましょう。そしてそれを言葉にして、本人に伝えてあげてほしいですね。

「ありがとう」「うれしい」を伝えていますか？

ちょっとしたことで、子どもの感じ方も変わってきます。

親が、子どもがあたりまえにしていること、できていることに対しての声かけをたくさんしていると、子どもからの「ありがとう」「うれしい」という言葉も、確実にふえていきます。

たとえば、毎日お母さんが「お弁当箱に水を張っておいてくれてありがとう」と言っていたら、やがて「お弁当箱を洗ってくれてありがとう」と言うようになった高校生もいました。

こちらが感謝する気持ちを出すと、子どもは絶対に返してくれます。

日頃、私たちが子どもに向けて感謝する気持ちやうれしい気持ち、「ありがとう」「うれしい」という言葉をどのくらい伝えられているかを見直してみましょう。子どもに対してだけでなく、夫に対して、ほかの人に対してなど、考えてみるといいですね。

子どもに不意に「ありがとう」と言われると、「この子、こんなことを言うんだ」と、ちょっとくすぐったい気持ちになるかもしれません。でもそれは、親やまわりの大人とのかかわりから出てきていること。子どもに「ありがとう」と言われる回数がふえているなあと思ったら、それは大人が、あなたが言っているんだと思います。

これは10歳くらいというより、本当はもっとずっと前、幼児期からやらないといけないことなんです。でも、中学に入ってすごく気持ちが荒れている子に、今までの接し方を全部切りかえて、「ありがとう」「うれしい」と言いつづけるようにしたら、3ヵ月で行動がガラッと変わったケースもありました。穏やかになったんですね。

幼児期を過ぎても、「ありがとう」「うれしい」という言葉かけには、遅すぎるということはありません。もちろん、親に特別な能力が必要というわけでもありません。

とはいえ、「10歳くらいまでの子どもに対して『ありがとう』と言うことなんて、そんなにないんじゃないの?」と思う人もいるでしょう。むしろ困らせることのほうが多いと感じるかもしれませんね。とくに、親が子どものためにいろいろと「やってあげている」というような感覚の人には…。

でも、大切なのはそこなんです。前述しているように、8歳くらいから子どもたちは、小さな「大人」になりつつあります。そこで大人との関係を埋めようとしてくるんです。

朝、なんでもなくひとりで起きてきたら「あ、起きられたね、うれしいよ」、朝ごはんをちゃんと食べたら「おいしそうに食べてくれたね、パンとハムしかなかったのにありがとね」など、ちょこっと言っておくといいんです。それはちょっと意識するだけで、誰もが今日からできることだと思います。

大切なのは、あたりまえにやっている行動に注目することです。

注目したら感謝して、「ありがとう」「うれしい」という言葉を「すぐに」言ってあげましょう。ポイントは「すぐに」。あんまり間があくと子どもに「え〜？　なに？・」とか、「わざとらしい」とか、言われてしまいますよ。

行為だけをやめさせることはできません

目標の❷「力を誇示する」で気づいてあげられなかったために、目標の❸「復讐」までいってしまい、高校生になっても大学生になってもものを盗んでしまう男の子がいました。今度はけっこう高い服を盗んだそうで、「先生、どうしたらいいですか」と、お母さんから連絡がきました。

高校や大学になるまで、「復讐」として「盗む」場合には、修復はなかなか難しいんです。この子の場合は小学生のときからでした。いわゆる警察官の人たちによる青少年相談室にも通い、一時的にはよくなったんですが、お父さんとの関係で不安が出てくると、また盗みはじめるんです。

お父さんは夜中の2時、3時ごろにしか帰ってこない人でした。休日はほとんど寝ていて、子どもが小さいころからいっしょに遊びに出たことがありません。この子は「お父さんと遊びたかったのに遊べない」と、お母さんにずっと不満を言っていたそうです。

お母さんはとても美しく、泥まみれになって子どもといっしょに遊ぶことができない人でした。そのため、子どもにとってはおもしろくありません。そのうえ、お父さんとお母さんは仲が悪く、しょっちゅうケンカ。親といっしょにいても心が休まらないような状態でした。

高校生になってもやはり盗みがやめられず、お母さんはずっと、自分を責めていました。その半面、お母さんがこの子に対して「うちから追い出したいからどこへでも行って！」と言った時期もありました。子どものことが大嫌いになってしまったんですね。まさに悪循環です。

さらに夫のことも嫌いになってきていたお母さんは「この子の性格は夫と似ている！」などと言い出しました。そのくせ、はっきりさせるために離婚をすすめると、なぜか離婚はしないと言います。

子どもは相変わらずぐちゃぐちゃな、混沌とした環境にいるので、ちゃんと健康には育ちません。子どもの前ではけっしてケンカはしていないとお母さんは言っていましたが、子どもは敏感ですから、おそらくちゃんとわかっています。ごまかしはききません。

「離婚したほうが子どもにとってはよいのでは？」という声には聞く耳をもたず、子どもをやっぱりドロドロの、変わらない状況に置いたまま、「盗み」だけをなくさせようとしても無理です。それでは「勇気＝生きていく力」をたくさん与えられず、むしろどんどん勇気をくじいている状況に置いてしまっています。

結局、親のほうが切りかえないなら「勇気づけ」は到底無理なんです。犯罪だから、社会的に許されないことだから、と盗みだけをやめさせようとしても、基盤のところがしっかりしていないと無理。万が一、盗みだけが取れたとしても、根っこがまだ残っているなら、根本的な解決にはなりません。

もう大学生になっている彼にひとり暮らしをさせても、たぶん働かないでしょう。

アルバイトもしたくないと思います。すごい怠け者なんです。

それが、さっきの表の最終段階である、目標の❹「無気力・無能力さを示す」です。もう彼は、そこまでいってしまっているんです。でも、おしゃれだし、自分の食べたいものは食べたい。そこで盗んでしまうんです。

ここでいう「無気力・無能力」は、大学に行ったりおしゃれだったり、というのとはまた別です。「生きていくための力」がないということですから、本気になって生きていくことに関しての「無気力・無能力」なんです。大学には1年浪人して入学したものの、やはりとりあえず行っておくという感じですから、おそらくは続かないだろうと思います。

親が切りかえないと「勇気づけ」はできません

また、いわゆるスリルを楽しむというか、ドキドキするから「盗む」という場合もあります。前述の子はたぶん、最初はそうではなかったと思いますが、のちに「『盗む』ときにしか生きているという感覚を感じられなかった」と言いました。盗むときにドキドキすることが生きているという感覚になる。その瞬間しか感じられない。それは錯覚ですが、この子の場合にはきっと、そうした錯覚と「復讐」という意味合いがどちらもあるのだと思います。そうなると、「盗み」をやめさせるのはとても難しくなります。

この子の場合、道路工事のような、とにかくからだを思いっきり使って、本気になってお金を稼ぐようなアルバイトをさせたほうがいいとお母さんに言ったんですが、結局そういう方向に向くことはありませんでした。お母さんいわく、「そんなことをしたら勉強ができなくなって、学校にも行けなくなってしまうから！」。お母さん自身が、何がいちばん大事なのかを見極めていないんですね。

お母さんがとてもかたくなで、いっこうに変わらないので、とうとう途中でお母さんのカウンセリングもやめました。でも、いまだに問題があったときには必ず電話がかかってきます。「また盗みました。迎えに行ったほうがいいですか」と。

そのくせ「話を聞くからいつでも相談に来なさい」と言っても、連絡がくることはありません。自分が困ったときにだけ、「どうしましょう、先生！　どうすればいいですか？」。とても自己中心的なお母さんですよね。

子どもに対するときも自分中心で、いつも「この子はお母さんである自分にとってどうか」という思いが先に立つようでした。だから、子どもに本気で気持ちを向けることができないのでしょう。

そして残念ながら、子ども自身もそれを感じています。

子どもが本当に欲しいと思っている愛情が得られていない感じがしますが、お母さんはきちんと与えていると思っている――。この悪循環はどうにもなりません。

盗みもここまできたらもう、本人が社会的制裁を受けるしかないと思います。20歳を過ぎて盗みを働いて警察に捕まって、今度はうちに帰れなくなって…、と、そこまでいくしか解決の道はないでしょう。


この段階までくると、子どものために心を入れかえてくれるお母さんはなかなかいません。このケースでは、私は「まずは離婚したほうが状況がよくなる」と思います。たとえば夫と離婚するとして、経済的に苦しくなって生活水準が低くなり、最初は生活保護を受けることになるかもしれません。しかし、お母さんが働くのであればそれはおそらくいっときのこと。簡単ではありませんが、そのあいだに資格を取ったり、なんらかの準備を重ねて生活を立て直していく方法もあります。

でもそういう話をしても、お母さんは「夫は好き勝手なことをしているのに、なんで私が身を粉にして働かなきゃいけないんですか!」と、子どものことではなく、夫への不平不満を言ったりします。それはまったく、論点が変わっているんですね。

そういうお母さんは、主張するのはあくまでも自分のことばかり。子どものためを思って、夫と離れてもう一度状況を立て直そう、という感覚はありません。

夫婦関係がごちゃごちゃとこじれていない場合に限りますが、お母さんが本当に心を入れかえた場合には、子どもの盗みはなくなります。

子どもにきっちり向き合い、そのことが子どもに伝わり、それが理解されたとき、盗まなくなるのです。

子どもの精神状態は夫婦の関係に非常に影響されます。それ以外の要因は、実はほとんどありません。

良好な夫婦関係は、2～3歳から10歳までの子どもにとくに必要なんです。人とし

ての「基本の基本」ができてしまうこの時期に、うまくかかわりをもてないと、先ほども言ったように修復は難しくなります。修復することはできますが、その修復する本人（お父さんやお母さんなどの大人）がどのくらい自分で切りかえられているかが大事なんですね。

どうしても親が切りかわらない、切りかえられない場合には、親ではなく、学校やほかの集団の中で認めてくれる先生や大人に出会い、子どもが変わっていくということもあります。部活の先生がすごくかわいがってくれたとか、おじいちゃんやおばあちゃんが、親にかわるようなたくさんの愛情をかけてくれたとか、そういう人に出会えれば、その子はきっと大丈夫だと思います。親の立場からするとちょっとさみしいような気もしますが、残念ながらそういう親はそもそも、子どもの求めているものや自分に切りかえが必要なことなどに気づかないようです。

でも、子どもの周囲に、親のほかに誰もそうした大人がいなかったら、やはり親がかかわるしかありません。

本当に気づかない親の場合には、困ったことに、問題を問題と認識していないので、誰かに相談することもなく、ずっとそのままの状態で、子どもは年齢を重ねていきます。子どもが何か反社会的なことをしたときにはじめて内包されていた問題に気づき、親はその反社会的行動だけを責めます。

親が根本的な問題をまったく把握していない場合、基本的な解決は望めません。そしてやはり、ずっと親子関係はよくない状態のままです。そういう人たちは、世の中にいっぱいいいます。

私の相談室に来る人たちのなかにも、40歳、50歳になってもずっと親を憎み、恨んでいる人がたくさんいます。多くの場合、憎しみや恨みの原因として何か大きなきっかけがあったわけでもなく、いわば日常の「積み重ね」によるものです。

大人はみんな自然に、なんでもないように過ごしていますが、実は、それぞれがそれぞれの問題を抱えているようです。

親は手をかえ品をかえ

　また、わが子に惜しみなく愛情を注いでいるつもりのお母さんは、子どもが親に向かって怒りをもつかもしれない、などとは考えもしません。でも、そういう場合も実は、かなり多いんです。

　子どもが意固地になって私の言うことを聞かない。こちらが心を尽くして話をしてもそれを受け入れず、かたくなに拒否している……。よく耳にする状況ですが、私は、心が通い合わないことを親が感じられているかどうかによって、子どもの受けとめ方も違うのではないかと思います。

　もし子どもがかたくなに拒否しているようなことがあるとしたら、怒りをもっていて、それを言わんとしているということかもしれません。

　子どもだけに限りませんが、人は怒りがあるとき、心をシャットアウトして、距離をあけたがります。普通に考えても、怒りをもっている人に近づきたくはないですよね。

「私はあなたに対して怒っている、でも言えない…」。そんなときには近寄ってほしくないし、こちらからも近寄らないでしょう。そして、こちらが怒りを持っている相手がいろいろと話しかけてきたら、それはもちろん、「うるさいなあ！」と感じますよね。

親子の関係でも、そういうことはよく起こります。

子どものなかに気持ちが入っていかず、親子のふれあいがなくなっているなと感じたときは、親のほうから接し方を変えていくようにしましょう。自分とその子とのふたりだけで何かきっかけをつくって、たとえばいっしょに買い物に行くだけでもいいんです。別に話さなくてもいいですから、まずはいっしょにいるところから始めるんですね。

子どもはどんなに怒りをもっていても、やっぱり、親から誘われるとうれしいものです。子ども自身も、そのまま怒りをもっているのがいいこととは思っていません。どこかで仲よくできたらいいなと感じています。

ただ、小さな子どもはきっかけが出せませんので、親が気づくしかありません。そのうえで、専門家に相談に行ったほうがいい場合もあるかもしれませんね。

相談された人は客観的にいろんな状況を判断し、その子の「怒り」を指摘します。その怒りをへらし、なくすためにはどうしたらいいか、いっしょに考えながら模索していきます。そこで考えながらいろいろやってみるという試行錯誤は、きっと子どもにも伝わっていき、しだいに子どもも変わってきます。


どちらにしても本当に、本気でぶつかるしかないんです。本気であり、真剣になれば、伝わると思います。「ここまででいいや」「この程度でいいかな」ではダメですし、つい自分中心に考えて、「私がせっかく誘ってあげたのに知らん顔して！　もう誘わないわ！」と、一度断られたくらいでやめてしまっては意味がありません。

親は手をかえ品をかえ、子どもに対してアプローチしつづけていくんです。親のほうもイライラして、「もう絶対言わない！」などということになりそうですが、そこはがまんしなければならないところ。つい「言いすぎてしまった…」というときもあるかもしれませんが、そこでいちばんよくないのは、親が意固地になって子どもと同じレベルになってしまうこと。それは、子どもが中学生でも高校生でも同じです。

本当は怖い?「お利口さん」

それから万引や、すごく乱暴な言葉を使ったりたたいてきたり、暴力的になること以外に問題になりやすいのが、目標❶の下のあたりでよく出てくる、いわゆる「お利口さん」。一見問題のない、お利口すぎる子です。

目に見えて万引しているというのはもちろん問題行動ですが、「お利口さんすぎる」というのも実は、すごく怖いんです。8歳、9歳、10歳で、親にも反抗しないし、口答えなんかしたこともない。何も手がかかりません、というような子は逆に心配です。

そういう子は親には「魅力的で愛嬌がある」と思われていることが多いんですが、たとえばその半面、きょうだいに対して意地の悪いことをしている場合があります。

お姉ちゃんのものを取ってしまったり、弟にいやがらせをしたり。ちょろっと悪いことをするんですね。でも、お父さんやお母さんは、「この子はこんなにいい子なんだから」と、ほかのきょうだいのほうが悪いと思ってしまうんです。ひどい話に思えるかもしれませんが、そういう子はけっこういます。私は、むしろそちらのほうがとても心配です。

どうしてそういうことになってしまうのかというと、そういう子を親が望むから。そして親が頭ごなしであったり、はたまた猫かわいがりであったり、また別のなんらかの方法で、その子の心をうまいこと支配下に置き、絶対に反抗しないようにしてしまったからでしょう。子どもの発達に応じてではなく、親である大人、自分たちの都合のいいように育て上げてしまったんでしょうね。


そういう育てられ方をした子は、1歳半くらいの自我が芽生えはじめたころから、早くも、ワーワー言わないようにされていることが多いんです。「自分でやる！」「自分で着る！」とか、あっちへ行くとかお店でバタバタ騒ぐといったようなことを絶対にしないよう、親が前もって、全部封じこめていくように先回りをしてやってあげてしまうんですね。

「ほら、もうお菓子は買っていたからいいのよ」「靴はママが履かせたほうがすぐに履けるでしょう」とか、親が全部手をかけて、子どものやりたい気持ちや意思を封じこめ、じたばたするようなことを絶対しないように仕向けてきたんです。

子どもの側から考えると、自分のやることなすこと、すべてに大人の手がかかっているわけですから、なんでもかんでも失敗せず、完全にできますよね。そのために、自分でやってみて失敗するということができない子になってしまうんです。「自分ではできない」と思ったら、絶対と言っていいほど、大人にすり寄っていきます。そして結局は大人にやってもらうんです。そういう子に「自分で考えてやってごらん」と言っても、「できないんです」とか「なんだか失敗するような気がして…」などと言って、なんだかんだうまく大人にやらせていくという方法を学んでしまうんです。

そういう子は、大人に対して絶対に反抗的な態度をとりません。そのほうが大人が安心することを知っているんですね。そのあたりは本当に長けています。お利口さんというか、頭の回転の速い子です。

親のために「演じる」子ども

また、「お利口さん」というほど頭の回転がよくない場合には、ものすごく恥ずかしがったり、だらしなかったり、何事も勝手気ままにマイペースだったりというような行動をとることもあります。それでもやっぱり、大人にやらせていくように仕向けていく子もいます。

たとえば、恥ずかしがる子が見知らぬ大人と対面するときを考えてみましょう。

親は「ちょっと前に出てきなさい。ごあいさつは？」などと言い、子どもがもごもご、まごまごしているうちに「すみません〜、うちの子は恥ずかしがり屋で、あいさつもできないんです」というようなことを言っていませんか？

これはよく考えると、大人がその子の代理をしてしまっているわけですね。結局この子は何もしないで、恥ずかしがっているふりだけして終わり。お母さんに代理をさせるために、いつも恥ずかしがり屋を装っていなければならないんです。

そういう子も、お母さんがいないときに電話を取ったりすると、きちんと受け答えができます。ではなぜ、できないふりをするのかというと、お母さんに受けるから。お母さんがいるときには「演じて」いるんです。

「困るんですよね」と言いながら、どこかうれしそうなお母さん。こういう子は、お母さんの注目や関心を集めて、お母さんを喜ばせているんですね。

また、わりと本人の前で「うちの子、○○なんです」「この子は○○が苦手なんです」「うちの子はこうだから私がここまでやるんです」などと言うお母さんが多いのですが、子どもは日々、成長しています。もしかしたらいつのまにか、お母さんの知らないうちにできるようになっていたり、とっくに克服していたりする場合も少なくありません。でもお母さんからすると、ずーっと「うちの子はこれが食べられない」「このことは苦手なのよね」と思いこみ、情報が更新されていない場合が多いようです。

お母さんがつい決めつけ口調で言ってしまうときに「ひょっとしたら、この子の最新の状況とは違うのかもしれないな」と、ふと考え直すような瞬間があるといいなと思います。

Column

変化していく友達関係

小学校高学年〜中学校

子どもたちの友達との関係は、小学校高学年から中学校に入ると、さらに変わってきます。

小学校高学年になると、たいていの子は「こういうタイプの子が好き」というのが出てきて、わりと親友に近い形の友達ができます。中学に入るとその関係がこわれてしまうことが多いですが、「好きなタイプ」というのは、しっかり決まってくるようです。

それまでは、子どもっぽいやり方だけだったのが、少し大人っぽく、ある程度きちんとつきあうことができるようになった段階で、中学に入っていくわけです。「まとまる」というのはそういうことなんですね。6年生になると、友達関係も親子関係も勉強も、ある程度見通しがついて、大多数の子はまとまってきますが、そのなかにちょっとだけ遅れている子、ズレている子がいるんですね。

ズレてきている子は6年生になってもまだまとまることなく、ズレた状態のまま、中学へ入っていきます。

こうした精神年齢、精神発達が遅めになってきている子どもたちは、5年生・6年生になっても大暴れしたり、小生意気なことを言ったり、友達にいやなことをしたりします。そうすると、その時点でまとまっている大多数の子どもたちにとっては幼すぎてしまって、もう相手にしなくなっていきます。そういう子の場合、勉強だけできないとか、発達が遅れているということではなく、全体的に遅れていきます。友達はなんとなく、いるような、いないような感じ。あっちこっちにひっかかっているだけで、本当の友達はできていません。

中学に入る前の子どもたちには、そうした違いが出てきているかなと思います。

第四章

そして思春期へ

親は必ず味方であれ

学校で何かがあってすごく傷つき、「友達にこんなことを言われてほんとうにいやだった！」「こんなことがあってすごく腹が立った！」などと、思いのたけをバーッと言うこともあると思います。

そんなときにはぜひお母さんも、「それは大変だったね、いやだったね」「たたきたかったね、ほんとに殴ってやりたいね」と、いっしょになって発散させてあげてください。いっしょに言わなきゃいけないんです。「そんなことを言っちゃだめよ、友達だって気を使っているんだと思うよ」なんて言ってはダメ。「ほんとあの人いやね、お母さんも殴ってやりたいと思うわ」と、言ってしまっていいんです。

むしろ子どもの気持ちをくむときには、そういうことを言わなければいけないんです。本人がそう思っているんですから、よけいなことは言わないことです。

子どもがそういうふうに言ってきたときには、親は全面的に子どもの味方になってください。先生とケンカしたというなら「いやな先生だね」と。そうしないと子どもはだんだん、親に話さなくなります。

話さなくなったうえに、そういうときに何か説教めいたことをポロッとでも言われたら、「もう絶対この人には相談したくない、顔も見たくない！」となっていきます。「わかってくれないならもうしゃべりたくもないし、顔を合わせたくもない。しゃべってもしょうがないし、自分が傷つくだけ」。子どもは、そう思ってしまうんです。

中学や高校のときには、そういうことが瞬間的に訪れます。親はわけもわからず、戸惑ってしまいますよね。

そういうことは突然くるように感じられるかもしれませんが、実はそこには必ず、大きな出来事がひそんでいます。親にとっては小さいけれど、子ども本人にとっては非常に大きな出来事です。それが「思春期」なんですね。

そこに気づかないとズレが出てきて、親子の関係がぎくしゃくしてきます。そこから、いろいろな事件が発生してくるんです。

突然の爆発!? 実は…

前述したように、思春期にはいちばん大きな要因としてからだの変化があり、そこに精神的なものがついていきます。心がからだの変化についていけないと、心とからだの状態が不釣り合いになります。自分では落ち着こうと思っていても、ホルモンの関係などでからだのほうが不安定なところに、精神も重なっていくわけです。

そんな状況で、大好きだったお父さんとお母さんに、上から「この道に行きなさい!」というようなことを言われるともう、そこでバン! と爆発してしまいます。そういうものが思春期の「瞬間湯沸かし」といわれるゆえんだろうなと思います。

本当は、突然爆発したわけではないんです。

わが子が中学生になって、生理が始まったり声変わりがあったり、ふつふつと少しずつ変わってきているのに、その変化に気づかず、まだ小さくて小学生みたいな顔立ち。かわいいなあ…なんて、のんきに思っている親が多いんですね。

でも実は、子どもの内側は全然違ってきています。私が中学生と話していると、「あ、噴火している」「煮えたぎってきてるよ今！」というのがわかるのですが、そのあたりが親にはみえにくいようです。親が気づいたときには突然「バーン！」と爆発した感じしか受けないのではないかと思います。

しかも、「親にとっては小さいけれど、子どもにとっては大きな出来事」というのもまた、とらえるのが難しいものです。

もしかしたら、子どもにとっての一大事を、親からすると取るにたらないと判断して普通に通りすぎてしまったり、あとからどういうことだったのかがはっきりしたとしても、親のほうには覚えがなかったり。詳しく聞いたのにやっぱり取るにたらないことに思えて、「え、ほんとにそれだったの？」と感じてしまったり、そもそも、目にしていたのに気づかなかったりする場合もよくあります。

子どもが何も話をせず、親もそういうことにまったく気づきもしないでいると、子どもは「まあ親はこんなもんだ」と思います。さらに気づかないことが何度もあると、「もう親に言ってもしかたがない」と思い、ある程度落ち着きが出てきた子は、親を相手にしないことを心に決めるんです。

うちの場合、高校生の孫娘に突然「ばあばには私たちの世界のことを言ってもわかんないから、最近の歌の話はもう、説明しないことにしたからね！」などと、いきなり宣言されました。「ええっ！　こないだまでうるさいほどしつこく説明していたじゃないの！」と思いましたが(笑)、でも、こちらがついていけない部分はたしかにありますから、それはまあ、あたりまえなんです。

思春期や青年期にさしかかった子どもの世界のことを、親がすべてわかるわけではありません。わからなくなってくることがあたりまえだということを知らないといけないし、それを知って、たとえば子どものサインに気づかなかったことに思いいたったなら、「あのときは気づかなくてごめんね」と、その子に謝るべきなんです。

子どものなかに、親である自分がついていけない世界が出てきているのはたしかです。そのことをはっきり認識したほうがいいと思います。そうすると、ズレがなくなります。「わからないからもうちょっと教えて」と伝えたときに「今はママにていねいに説明するような余裕はありません！」などと言われたら、「じゃあ余裕ができたときにはよろしく」というように言っておかなければいけないいんですね。

とにかく大事なのは、中学生になった子どものことを、なんでもかんでも知ろうとしないことです。

思春期は わからないのが あたりまえ

「子どものことをなんでもかんでも知ろうとするな」と言うと、それまで、小学校からずーっと、友達関係から勉強のことまで、わが子のことを全部把握していたお母さんたちには、ものすごく抵抗があるようです。

しかしながら、思春期の子どものことを全部わかると思うな、わからなくてあたりまえだと知れ、というのは、非常に大事なことなんです。

それまで子どものすべてを把握していたお母さんは、そのまま中学に入っても同じような調子で接していくでしょう。それでしばらくはよいかもしれませんが、いつか必ず、子どもは噴火します。親からすると突然の噴火です。あれよあれよというまにもう、全部がわからない…！　親のショックは、かなり大きいものになります。

だから、あらかじめ「思春期や青年期にはわからなくなるのがあたりまえ」と知っておいてほしいんです。その年齢の子どもたちを専門にみている教育者でさえ、把握できていないことがたくさんあります。さらに子どもたちも全部はさらけ出さなくなってきますので、ますますわからなくなっていくんですね。

そこでヒントになるかもしれないのが、ご自身の体験です。

お父さんもお母さんも、かつては思春期や青年期を過ごしてきたはずですね。ご自身のときにははたしてどんな感じだったか、少しだけ自分のことを振り返ってみませんか？　そういえば…と、いろいろと思い出されるといいかもしれません。

自分が親になってしまうとたんに、子どもだったころのことや中学生のころに考えていたことなどを忘れがちになってしまう人が少なくないようです。

時代はかなり違いますが「お母さんが中学生のとき、部活はこうだったわ」などと、自分が同じ中学生だったときの体験や状況を娘や息子と話すような親は、意外と少ないようです。

もしそういう話を中高生のわが子とできるなら、それは子どもとの関係性にズレがないのだと思います。気持ちもズレていないし、中学生高校生になったけれど、やっぱりこの子はかわいいし大事だわ、とお母さんも思っています。子どももそれがわかっているから、お母さんの「私のときにはね…」という話に耳を傾けるのでしょう。

そういう気持ちがなく、しかも関係がズレてしまっている場合には、「お母さんのころはね…」と言った瞬間にきっと「うるせえ！」ですね(笑)。「あんたの中学のころの話なんてべつに聞きたくない」とキレられてしまうかもしれません。同じ中学生として、お母さんの時代を共有したいという気持ちはほとんどないでしょうから。

お母さんもおしつけがましくというか、説教という意味合いで話すのはよくありません。ただ単に、「お母さんのときはこうだったんだよね」とか「私はこんなに勉強しなかったのにあなたはちゃんとやっててすごいわね」などと言えたりするといいでしょうね。

けして卑屈になるという意味ではないのですが、お母さんのほうがちょっと引くというか、自分を一段低いところに置いたうえで子どもに「すごいね」と心から言えると、子どもにもある意味余裕ができます。

お母さんが高いところにいて「お母さんは全部完璧にできていて、いかにあなたはできていないか」ということをその高い位置から言われつづけていると、子どもはもう、まったく意欲がなくなり、何もできなくなってしまいます。どうせやったってお母さんには近づけない、と思ってしまうんですね。

一段低いところにいるお母さんであれば、子どものほうで「追い越してやろう！」と思うようです。自分でいろいろなやり方を工夫したり試してみたり、試行錯誤を繰り返します。

子どもがいろいろと試しているのをみて、経験のある親はつい「こういうふうにやったらいいんじゃない?」と、口をはさみたくなります。気持ちはすごくよくわかりますが、そこで口出しはいっさいダメ。子どもが自分でやってみて、「あ、違うな」と気づくこと、自分で発見して納得することこそが大切なんです。

親や大人からのアドバイスを受けたとしても、また、結果的にそのアドバイスと同じやり方に落ち着いたとしても、「自分で気づいた!」ということが重要です。口が裂けても「ほ〜ら、こないだお母さんが言ったとおりじゃないの!」「こないだお母さんが言ったことをやっただけじゃない〜」などと言っては絶対ダメ! そのとたんに「言われたこと全部、や−らない!」となってしまいます。

たとえそう思っても、くれぐれも言ってはいけません。子どもが発見したことに合わせられるのが上手な対応です。本人が初めて気づいたという感じにしてあげることが、思春期や青年期の人とつきあうコツ、と言っても過言ではありません。

「自分で考えました、自分でやりました。その結果、失敗もしましたが、成功もしています。私が考えたんです」と、本人が思うことが大事です。たとえそこに親からのアドバイスが功を奏したとしても、それは絶対口にしないこと。応援団はまわりで、大きな拍手だけお願いします。

そうした、子ども自身の動いたプロセスがたくさん積み重なっていくことが、本人の自信や自己肯定感につながり、やがて自我がしっかりして、芯の通った人間になっていきます。「自分はこれでやれるんだ」というものを、思春期に自らの手でつかむんですね。

そうすることで、揺るぎない自分というものができ、ちょっといやな思いをしても、そんなに大きくくずれることはなくなります。中学生、高校生になってそういう体験を積み重ね、「これで自分は大丈夫。失敗するかもしれないけれど立ち上がれる」ということをつかんだ子は、ある程度大人の世界に入ったと言ってもいいと思います。

中学生になると

中学生になってからの話をしましょう。

中学生は一般的に、１年生の２学期から２年生にかけてくらいが荒れる時期です。３年生になると、どんなに荒れていた子も、ちょうど６年生のころのように必ずまとまっていきます。

ただしそれはやはり、ズレていない子。ちゃんと普通に育って、健康なお父さん、お母さんに普通に対応してもらっている子どもは、３年生になったらガッとまとまって、進路・進学に向けての勉強ができるようになります。

一方、ズレてしまった子は６年生のときと同様に、ずっとズレこんだままです。中３になっても進路を決められず、心もからだもまだ、大暴れしているんです。

ズレこんでしまった場合、修正をするまわりの大人たち、つまり環境的なものが変わらない限り、その子はずっとズレたまま成長していきます。必要な年月が過ぎれば追いついていく子もいますし、反対に、病的なところに入っていく子もいます。あるいは反社会的な行為、非行に走り、警察に捕まってしまう子もいます。

環境が変わらなければ、ずっと修正はなされません。それで結局、反社会的な仲間に入ってしまう子も少なくありません。だから、早めの対応が重要なんですね。小学校のときにズレていることに気づいたらその時点で、親の態度を変えていかないとダメでしょう。

たいていの親は、子どもへのかかわりについて、自分では「だいたいこれでいい」と思っています。しかし、なかには子どもへの接し方を変えたいと思って何度か挑戦してみるけれど、すぐに元に戻ってしまうという人もいます。そういう場合は、誰かに相談するといいと思います。自分だけの力ではなかなか変えられないものですので、ひとりで悩むよりは専門家に相談したほうが、子どもも親も早く変わることができるでしょう。

ただ、身内に相談するのはダメです。身内は身びいきしてしまいますし、関係性が近すぎるために相談になりにくいんですね。お母さんの友達に相談するのも、その人の生活の範囲のなかで言われることにとどまるため、解決は難しいと思います。

できれば専門家のところに行って相談すると早くに解決しますし、早めにその子を健康な状態に戻してあげれば、そのまま健康になっていきます。そこを修正しないと、ずっとゆがんだままいってしまう可能性があります。

健康であれば中学3年生でだいたいまとまっていくのに、そうでない子はそれがズレこみ、そのまま高校までいってしまうんです。そして青年期に入るとまた、別の問題が表面化してきます。

「行きたくない」と「行かない」の境界線

学校に行きたくないと言う子はわりあいにたくさんいます。でも、実際に行かない子はそこまで多くはありません。そこにどんな違いがあるのでしょう。

行きたくはないけれど、学校に行けば友達はいるし、部活もあります。勉強は好きではないと、子どもたちはたいていみんな言いますが、それ以外の結びつきがあるから学校に行っているんです。楽しみがあるんですね。うちにいたってつまらないし、親と顔を合わせていたって、テレビと友達になったって、なんにもおもしろくはない。そんなことにはすぐ飽きると、子どもたちは知っています。

そう考えると、実際に「学校に行かない」という行動に出るのは、そうした勉強以外のほかとのつながりがなくなってきていると考えられます。

中学生の不登校は、友達関係がこわれたところから始まります。学校での居場所がなくなりつつあると、「行かない」という選択をするのです。いわゆる「いじめ」のように、はたから見てわかりやすい原因がある場合もありますし、逆に、はっきりした原因がわからないものもあります。実際にはそのほうが多いでしょうね。

たとえば、自分ではできると思っていたものの出来が悪かった、自分のなかでの課題ができなかった、みんな笑っていないのになんか自分のことを笑っているんじゃないかと思った、ひそひそ話をしているのを見て「自分のこと?」と気になった、などなど、そういうものを感じはじめたときから、だんだんと自分の居場所がなくなっていく感覚になるようです。

最初に勇気がくじけていった段階では、「いったい何がきっかけだったんだろう?」と思いますが、不登校に関しては、原因を探してもたいていはわかりません。そのため、基本的に原因探しはしません。

理由を聞いても「それはわかんない」という子も多く、本人にさえ明確な原因の心あたりもなくて「なんとなくいつのまにか、出るのがいやになってしまった」というケースが多いですね。考えられる原因のようなものがあれこれといくつか出てきても、はっきりと「これがそうです！」というふうにはわからないんです。

だからこそ、そうなったときの親は非常に戸惑います。「学校で何があったのかしら？」と、心配ばかりが募るでしょう。それはよくわかります。

だからといってそんなときに、「行きなさい、行きなさい」とばかり言わないことです。なかなか難しいと思いますが、「わかった。それなら、あなたが休みたいだけ休んでみたら」と、思いきって休ませてしまえるといいと思います。

多くの親には、その決心がなかなかつきません。勇気がないんですね。それより原因究明をしたがる親のほうが多いのですが、原因は私たち専門家でもわかりませんし、親たちにも、原因究明をしてはならないと伝えます。「今は行きたくない」という本人の気持ちだけを、ただ受け入れてほしいんです。

中学生のころに不登校だった子が大学生になったころ、「あのときなぜ学校に行かなかったの？」と聞いてみました。
ある男の子は、中学に入ったころからいじめが続いていて、少しおさまったものの、3年生になったときに1年生からのいじめがまた始まったのだそうです。そのときにすごく怖くなってしまって学校に行けなくなったと言いました。今だから言えるけど、と。
でも言いたくなかった部分だから、もうずっと押し殺してきて、だいぶあとになった今になって思い出せるのはそういうことだったかな、と言っていました。

またある子は「真っ暗な森林の中にさまよってしまった」と感じた瞬間があったそうです。どうしてそんなところに行ってしまったのかはわからないけれど、その中に自分がうろちょろ入りこんでしまって「外に出られない」と思ったそうです。それも、のちに学校に通えるようになってから話してくれました。

自分でも原因は何かわからないけれど、学校に行けなくなってしまったとき、多くの子は「行かなくちゃ！」と思うようです。だいたいみんなまじめな子たちですから、学校へは行かなきゃならない、と思うんですね。でも、思えば思うほど、足がすくんでしまうんです。親たちもガーガー言うし、よけい恐ろしくなって動けなかったと言いました。だから、「休んでいいよ」と言われるとホッとした、と言っていました。

「学校には行かなきゃいけないとずっと思っていた。行かなくてもいいとは一度も思わなかった」と言った子もいました。学校に行っていなくても、何年生になったかは自分でも意識しているし、「行かなければならない」という思いはずっと、本人のなかにあるんです。

そのとき親はどうするべきか

子どもが学校に行かないと言い出したときに「行かなくていいよ」と言えたとしましょう。そのあと、親は子どもにどうかかわったらいいのでしょう。終わりが見えないなか、本人が考えて動くのを静かに待っているしかないのでしょうか？

そういうときには親は、本人のようすをみながら、少し声をかけてあげるといいと思います。中学生なら、「高校卒業の資格を取りたいのかどうか」、高校生だったら「今の学校を続けるのか、やめるのか」ということを、どこかで聞く必要があると思います。やめるのならその手続きをしようと言わなければいけないし、やめたあとはどうするのかも、聞かないといけないでしょうね。

しばらく家にいると言うならいいし、ずっと家にいたら退屈するので、少し時間をおいたあと、もう一回、高校卒業の資格を取るために別の高校に行くと言うかもしれません。次にどうするのかは、本人がやめてしばらくたって、本当に安心してからでないと出てはきません。

ですから、「学校はどうするの？ どうするの？ どうするのっ？」と、ただやみくもに子どもにせっついているうちは全然ダメです。お母さんが最も気になることだとは思いますが、そこをじっと見守って、待ってあげてください。だから親は、ものすごく苦しいんですね。

私はそうしたお母さんたちのためにカウンセリングをしています。

1ヵ月に一回、耐え忍んでいるお母さんの気持ちを聞き、「よく黙っていましたね」と伝えます。お母さんたちはそういうことを誰にも言ってもらえません。誰かに言ってほしいんですね。

はたから見てバタバタと動いていたほうが、「あのお母さん、すごく心配している」とまわりにはわかりやすいものです。そういうこともせず、ただ黙ってじっと見守り、子どもには何の動きもなく、お母さんもそんなに学校に行ったりしなければ、周囲からは何もやっていない親のように見られます。手も口も出さずに黙って見守るという、いちばん難しいことを続けているお母さんは、世間から見ると、何もしていないように思われてしまいがち。それは本人にとって、とてもつらいことなんです。

そんなお母さんに「毎日じっと耐えていらっしゃったんですね」と言うと、たいていのお母さんは泣き出します。「お母さん、それはすごくすてきな接し方なので、それでいきましょうね！」と伝えます。

そのことを確かめに、1ヵ月に一回いらっしゃるお母さんも少なくありません。

「社会の中の一員」としての意識をもたせる

不登校となった場合、家の中にいる彼や彼女に、家族の一員として何を手伝ってもらうかを考えてもらいましょう。靴をそろえるとかお風呂洗いをするとか、ときにはみんなのために料理を作ってもらったりして、まずは「家族のために役に立つ人間」になることをめざします。

社会のいちばん小さな単位である「家族」の役に立つ人間をつくることが、ひいては、社会の役に立つ人間になることにつながっていきます。そこで、家の中で今の彼や彼女にできることは何かな？　と考えることが、大切になっていくんです。「お風呂を掃除したり、料理を用意してくれたりするとありがたいな」など、親のほうでやってもらいたいことが出てきたときには、それを本人に話してみてください。

もちろん、茶碗を洗ったり洗濯ものを干したりして手伝ってもらったら、子どもに「ありがとう」と言ってくださいね。そしてそれを、「おうちでのあなたの仕事ね」というふうにしていくといいと思います。

家族の料理を作るようになったある女の子は、料理の準備のために買い物に行くようになり、お金や材料の分量などの計算もするようになって、生き生きとメニュー作りまでするようになりました。今ではお菓子作りまで楽しんでいるそうです。

人間が人間として存在していくためにいちばん大事なのは、「社会の中の一員である」ということ。つまり、社会の役に立つ人間として自分が存在することなんですね。

子どもにそのことを気づかせていくことは非常に重要です。大人である私たちも、自分が誰かの役に立っているということはうれしいものですよね。そして、「誰かの役に立つ」ことは、学校に行っていても行っていなくても、できることなんです。

お風呂を洗ってくれて、時間になったら水を張って沸かしてくれたら、すごくありがたいでしょう？　ゴミ出しをするとか、玄関の靴をそろえるとか、そういうちょっとしたことも、やってもらえたらすごくありがたいものです。そんなときには素直に

「ありがとう、ありがとう！」と、感謝を伝えたらいいと思います。

本人に「何ができるかな？」と聞いて、そうしたちょっとしたことをやってもらいます。それは学校に行っているか行っていないかは関係ありません。「人の役に立つ」ということが大切なんですね。

さらにいいのは、「人の役に立ちながら、自分ひとりでも生きていけるために、何がいちばん大事なのか」を教えておくことです。たとえばラーメンでもなんでも、食事を自分で作ることができたら、ひとりになっても生きていけますね。「まずはラーメンを作ってみる？」と誘ってみてもいいと思います。やがて「日曜のお昼はみんなの分のラーメンを作ってね」ということになるかもしれません。そのときにはぜひ、少々おいしくなくても大げさに「おいしいー！」と言ってくださいね。


そういった日常生活のなかでの声のかけ方や接し方などがすべて、親子のうえに、その子のうえに積み重なっていきます。それが日常のあたりまえに注目するということであり、できることを認めて注目していくということなんですね。

そしてそれができるようになったら、さらにそれにプラスして、「家族のために、

ほかの人のために もっと役に立つことは何かな？　自分には何ができるかな？」と考えてみることを、折にふれて話していきましょう。

自分ひとりだけでこの世の中に生きている人はいません。社会の中の一員としての自分の存在に気づいたとき、子どもは大きく変わっていくことができるのです。

子どもが小さいころから家族の一員としてお手伝いをしている家庭であれば、お風呂を洗うとか、洗濯ものをたたむとか、靴をそろえるとか、そういう家事をお母さんだけが担っているのではなく、おそらく「家族の仕事」として、きっとお父さんもやっているでしょう。そして子どもにも「じゃあ、あなたはこの仕事ね！」ということが、なんとなく決まっていると思います。

その場合は「家族の役に立つために」という考え方がわかりやすいと思いますが、たとえば、ずっとお母さんがすべての家事をやっていて、前述のように「勉強さえしていればいいのよ」という感じだったのに、思春期あたりから急に「家族の一員なんだからあなたもお風呂を洗いなさいよ！」と言い出したら、子どももびっくりするでしょう。それはもう、押しつけ以外の何ものでもありません。

8歳、9歳、10歳あたりか、さらにもっと小さいときから、ちょっとした家事を楽しくやることができている子にとっては、家の中での自分の仕事はあたりまえのものになっていきます。「明日は早く起きてゴミ出しできないけど、ママよろしくね」とか「お姉ちゃんよろしくね。そのかわりお風呂洗いするから」というふうに、場合によっては役割を交代することもできます。

基本的には「玄関の靴をそろえるのはあなたの役目」とか「私は燃えないゴミだけは捨てる」とか、決めればいいんです。「あなたはこれ」「あなたはこれね」というふうにそれぞれに仕事を決めて、もちろんお母さんはいっぱい仕事し、お父さんも仕事をして、それでこの家族が成り立っているんだという話をたくさんしてあげないといけないと思います。それはもちろん、小さいうちからのほうがいいでしょう。

お手伝いは3歳くらいから始めるといいですね。燃えないゴミだけだったゴミ捨てが、そのうちに、生ゴミもプラスティックも私が捨てる！ となっていったり、玄関の靴ぞろえが玄関の掃き掃除に、というふうに発展していくといいでしょう。

便利さと引きかえに失われるもの

とはいえ、子どもが小さいうちは、手伝いを受け入れること自体が面倒なものです。やってもうまくきれいにはできないし、大人がやったほうが絶対に早いし、わずらわしいでしょう。

そういう理由でずっとやらせていなかったお母さんは多いです。そして、やらせていなかったのに、そのまま中学生高校生になったときに「うちの子、なんにもしないのよね」と嘆くお母さんもまた、少なくありません。

やらないのはあたりまえですよね、やらせていないんですから。そうなると本当に大事なのは、「小さいときから」という習慣づけなんです。

家族の一員としての役割分担は、絶対にあったほうがいいでしょう。小さなころから習慣化すれば、何も言わなくても自分の役割みたいなものがわかり「ゴミ出しは自分の仕事」と思ってやってくれます。でもそれは、急にやりなさいと言ってできることではありません。大きくなってからなら、話し合いが必要になるでしょうね。
高校生でも、「お米をといだことがない」「茶碗を洗ったことがない」など、家事をまったくしない子は多いです。最近、ますますふえてきているようです。
友達がやっていないことや、友達にできないことができる子は「すごいね」なんて言われると超得意顔になったりします。「できるほうがいい」という感覚はあるようですし、「私はできるんだ！」と思えることは、非常にいいと思いますね。

最近はとがなくてもいい無洗米や、こまめに食器を洗わなくてもある程度ためてから食器洗い機にセットするなど、便利なもののおかげでかなりの家事が簡略化され、時間短縮ができるようになっています。その半面、無洗米しか使っていない家庭では米のとぎ方はわからないでしょうし、食洗機しか知らなければこまめに食器を洗うという習慣もつきづらいでしょう。どんどん便利になり、ちょっとした作業が減っていくと、ますます子どものお手伝いの必要性もなくなってしまうかもしれません。

私は個人的には、昔ながらの米のほうが絶対おいしい！と思っています。「無洗米なんか買いなさんな！」と言いたいところですが（笑）、食洗機といい無洗米といい、時代が違うんだなと思います。昔は洗濯機も今のように全自動ではなく、最初はぐりぐりと手でハンドルを回していたものですし、冷蔵庫も、最初は買ってきた氷を父や母が砕いて入れていたものです。

私の感覚はそこから始まっているので、今、便利になってきたところから、どんどん何かが欠落しているような気がしてしかたがないんです。

子どもをつぶさないで！

私自身、完全な母親ではありませんでした。娘が学生のころには「今日はお弁当を作れないからパンでも買っていって！」ということが何度もありました。「ええ〜！」と言うので「じゃあ自分でお弁当を作る？」と聞くと、「それはいやだからパン買っていく！」というやりとりはしょっちゅう。完全、完璧なんてもう、とっくの昔にありませんでしたが（笑）、でも、そういうことは絶対にないし、そういうことを絶対にしない、というお母さんもいるんです。

毎日必ず、きっちりお弁当を作って、それが私の役割、というようなお母さんには、「ごめん、パンでも買ってって！」なんて会話は、考えられないかもしれません。

でも、お母さんも本当に千差万別、いろいろなんです。そのうえ、それぞれのお母さんがいて、それぞれの子どもが育っていくわけですから、どういうお母さんがいいとも簡単には言いきれません。

それでも私は、「子どもに即さないお母さんはいやだな」とだけは思います。

自分の都合に合わせて子どもの発達をないがしろにしたり、自分のペットのように仕立て上げ、思いどおりの子どもにしようとするお母さんは許せません。そういうお母さんはいちばんいやだなと感じます。

思春期、青年期になった子どもは、お母さんの思ったとおりには動きません。「お母さんのペット」ではおさまらなくなったときに、狂ったように子どもを責めつづけるお母さんがいます。絶対に自分の腕のなかから出て行かないよう、グーッとしばりつけるんです。その結果、そのなかでしか生きられない人になってしまうことも少なくありません。いつまでもお母さんの庇護のもとに生きる。大人になっても、そういう人はいます。

たとえば、もう30歳になってしまっているのに、すでに長い時間をかけて反発しないように仕向けられ、意欲も何もお母さんにそがれてしまった人がいました。お母さんの庇護から出ようと何度か試みたものの、あまりにも長い時間がかかり、もうあきらめてしまった…というようなケースもありました。その半面、子どもにとってもいろいろとお母さんに手を出してもらえますから、それが楽だと思って、はじめからお母さんの腕のなかから出ようとすらしない子もいます。

ある女の子（といってももう大人になっていましたが）は、「家で寝ているとガミガミ言われるけれど、最終的にはごはんも食べさせてもらえるし、無理に家から出されることもないので、ずっと家にいた」と言いました。

お父さんが亡くなり、お母さんが働かざるをえない状況になってしまったとき、彼女も「自分も何かしなければいけない」と思ったそうです。そして同時に「自分には何もできない」と強く感じたといいます。「お母さんが働いているあいだに洗濯したりごはんを作ったりしたら？」と言ったら、「それもいやです」と言っていました。

彼女はそれまで仕事をしたことがなく、学校も中途半端にしか出ていませんでした。さらに悪いことに、あるときから、お母さんがうちに閉じこめてしまったんですね。「頭痛いから学校に行きたくない～」なんて言われると、よく考えもせずに「いいよ、いいよ、寝てて」と言うお母さん。そこからはもう、至れり尽くせり。ほうっておけばいいのに、と思うほどの手厚さでした。

子どもをずっと赤ちゃんっぽく扱いたいと思っているお母さんはいます。それこそ、子どもが大人になってからもずっとです。それは、8歳、9歳、10歳で切りかえるというようなレベルとは、まったく違うものです。

そういう場合、一概には言えませんが、たいていお父さんとお母さんとの関係がよくなかったり、離婚していたりすることが少なくありません。男の子であれば、性的なものも含めて「そばに置いておきたい」と考えるお母さんもいます。彼自身の人生や、この子の将来や夢についてはまったく考えず、考えるのは自分のことだけ。自分のために、「この子をそばに置いておこう」と考えます。出ていってしまっては困る！というんですね。

とんでもないことですが、そういう人がときどき、相談に来ます。

また、まれに、高校生くらいまでガッとおさえつけられてしまい、反乱を起こさない子もいます。そのまま家におとなしくしていて、その代償としてなんでも買ってもらい、おいしいものを食べさせてもらえます。そんな状態なら、家を出たいと思わなくなりますよね。

子どもが自分で「やる」というのを、親が先回りをして「やってあげる」という構図では、親はいわば小間使いのようなものですから、子どもにとってはとても楽です。それが大人になってもそのままなら、家を出ていきたくないですよね。

大人にうまいことを言ってやってもらうとか、できないと思ったら「やってください」と甘えてやってもらうことがずっと続くと、普通というか健康な母親は、だんだん気持

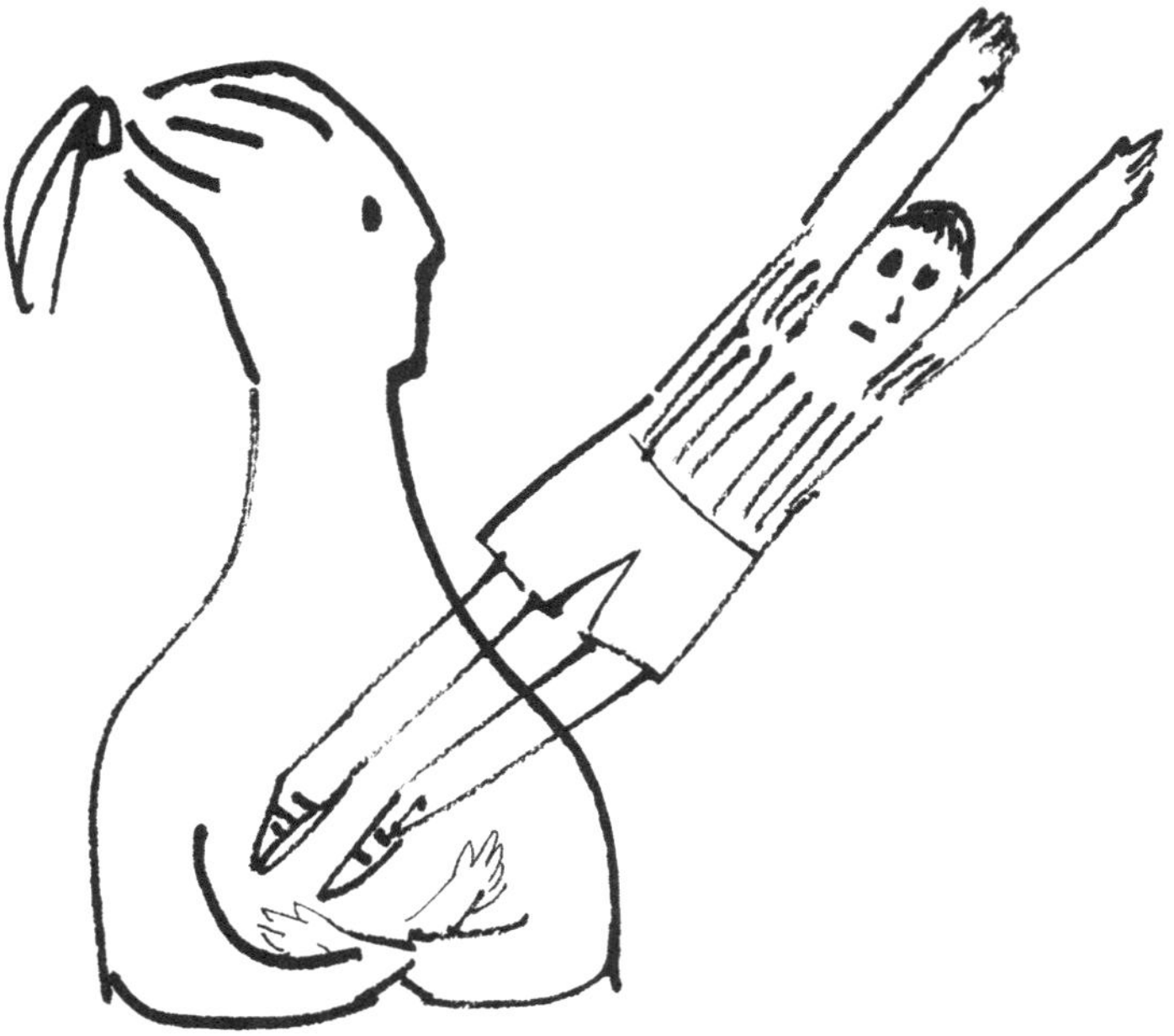

ちが悪くなってきます。

子どもは自分で生きていくというような意識もなく、発達もしなくなるでしょう。あるところでとどまってしまって、ほかの子どもとの接触もなく、そこでもう止まってしまった感じ。ふたりで止まっている母子の姿も、ときどき見受けられます。

子どもをがっちり囲いこんでいるお母さんは、たとえばお母さん自身が病気にならない限り、子どもはずっとそのままでしょう。でもいざお母さんが病気になってしまったときには、とても困ってしまいます。お金もないとなると、住む家も生活自体も、たちまち立ち行かなくなってしまいますから。

自分で生きるための力は、小さいときからの積み重ねです。子どもが大人になってから、親がつけてあげることはできないのです。

第五章
親子関係それぞれ

父×息子の関係

思春期には、父と息子はかなり遠い存在です。

「息子が父親を乗り越える」とよくいわれますが、その乗り越える段階が、思春期であり青年期です。それと同時に、父と息子が最も話し合いがしにくく、そのうえ憎しみさえ感じているのも、思春期・青年期なんですね。

父親は、息子のことを自分を乗り越えようとする「敵」のように感じはじめます。敵というか、自分を脅かす、恐ろしい存在になるんです。だから極力近づきません。そのため、息子のほうでも父親を遠い存在だと感じるんですね。

そのため、父親と息子のトラブルはけっこうあります。

お父さんのことがすごく好きなのに、8歳、9歳くらいからずっと、なぜかお父さんのことを苦手だと思っていた子がいました。お父さんがいれば自分の部屋に行き、いなくなれば居間に来る。なるべく同じ空間にいないようにしていたんですね。

その家は高価な買い物や旅行など、大切なことをお父さんが決める家でした。だからお父さんに話をしなければならないことがたくさん出てくるわけです。

その子は、欲しいものがあるとお母さんに甘えて、服などを買ってもらっていました。だんだん高いものを欲しがるようになり、お母さんを介してお父さんと交渉しようとするのですが、お母さんは「それではいつまでも父子の関係がうまくいかない」と思い、息子に自分で言わせます。息子は思いきって言うんですが、お父さんからすると、普段は話さない息子がそんなときだけ言ってくるのがおもしろくない。そこでつっけんどんに対応し、子どもは嫌われたと感じてケンカ腰になり、話は不成立。そんなことを繰り返していました。

そしてあるとき、その子はお父さんの財布から銀行のカードと万札を盗んだのです。中学生のころでした。

これははっきりと「復讐」です。実際になくなっているのですからお父さんにはすぐわかりますし、妙に高そうな服を着ている息子を見て、お母さんも気づきます。「どこからお金が出たの?」と聞くと、お年玉とかおこづかいとか、嘘をつきます。

お母さんは嘘だとわかりますから問い詰めます。レシートが落ちていて、よくよく見るとカードからの引き落としになっていることがわかって。「これはどうしたの⁉カードを出しなさい！」と言って、はじめて出してきたんです。

お母さんは「自分で謝って、お父さんにこれを返しなさい」と言います。そこでお父さんに言うと、お父さんは殴ったんです。そのころは、けっこう殴っていたようです。

その子はお父さんに、自分の気持ちを聞いてほしかったんだと思います。なぜ盗ったのか、本当は何が欲しかったのか…。「ごめんなさい」と謝っているのに有無を言わさず殴り倒されてしまうので、なおいっそう、お父さんを憎むようになりました。彼は今大学2年生になっていますが、いまだに関係はよくありません。

進学などの将来にかかわる大きな問題も、お父さんが決めるべき部分もあるのに、いつも話はお母さん経由。父親からも息子からも、「なんて言っていたのか」「あの返事はどうしたか」などといちいち聞かれ、お母さんは本当にいやになってしまいます。かといって直接ふたりで話をさせると、いつも決裂。話し合いにならないんですね。

今でもふたりだけで話をすることはなく、お母さんいわく、ふたりでどこかに行くなんてありえない！　とのこと。

これは極端な例ですが、父親と息子には、けっこう似たようなケースが見られます。

もうひとつは、不登校の子のケースです。お父さんが電車の運転手で、幼稚園や小学校1年生のころにはお父さんといっしょにいろいろな電車に乗って行動していた子でした。

8歳くらいになったときにいじめにあい、「学校に行きたくない」と言いはじめました。お父さんがそこで「学校には行かなきゃいけない、行け！」と部屋から引きずり出し、叱りつけるようになったんです。それと同時に、お父さん自身の帰宅時間が遅くなりはじめました。

なぜ帰宅が遅くなったかというと、お父さんが仕事が終わったその足で、実家に帰ってしまうから。職場から近くもなくむしろ遠回りなのに、実家で夕食をすませて帰ってくるんです。息子が学校に行かずに家にいることで、いっし

ょに食事をしたくなくなったんだそうです。それにより、お母さんとの関係も悪くなってきました。

さらに、同居しているおばあちゃんはお母さんの母親。ふたりはいつも結託していて、お父さんの居場所はあまりなかったんですね。子どもに対しても「お父さんはあんなにがみがみ言わないで、黙って見守ればいいのに…」などとお母さんとおばあちゃんが言うので、子どもにとってもそれがここちよく、お父さんだけがうるさくて浮いているような状態に…。それでお父さんは、実家に帰るようになったんです。

でもこの子は、本当はお父さんが好きなんです。小さなころに電車に乗って、いろいろなところに連れていってもらったことを覚えています。電車も旅行も大好きなのに、そうなってしまってからはいっしょに電車に乗ることもなく、旅行にも行かない。行きたくなったときには、お母さんがついてくるようになりました。思春期にお母さんがついていくのは、ちょっとおかしいでしょう?

彼はその時点でもう中学生になっていました。中学に入ってからも、学校に行ったり行かなかったり。ひきがねになっているのはお父さんとのことでしょうし、彼は学校を休んでお母さんといっしょに出かけているけれど、本当はお父さんといっしょに行きたいんじゃないかなと、私もお父さんもそう思っていたんです。

私は、「彼にとってはお父さんは大事だし、大好きなんです。『学校へ行けと言って乱暴したのは悪かった』と、一度謝ってください。彼はそのことを怒っています」と言いました。お父さんは私の話を理解してくれ、きちんと謝ってくれました。

それからお父さんは、自宅にちゃんと帰るようになりました。その後は少し息子と話ができるようになり、夏休みにふたりで鉄道旅行を計画していると言っていました。でも皮肉なことに、そのころには、お母さんのほうに「お父さんと離婚したい」という思いが高まってしまったんです。

きっと、もともと夫婦の関係がよくなかったんでしょう。お母さんの母であるおばあちゃんは、基本的に娘の夫のことが嫌いでした。強い母に育てられた娘はずっと母の言いなり。離婚したいというのも実は、おばあちゃんが言っていたのだと思います。

結局離婚はせず、彼はもう大学生になりました。広い家に越し、お父さん専用の部屋を作ったそうです。その後は父と息子ふたりで旅行に行ったりして安定しています。

この場合は、お父さんから謝ったのがよかったんでしょう。私も、このお父さんなら心から謝ることができると感じ、もうそれしか解決方法はないと思いました。

前の例のお父さんなら、まず私のところに相談に来ないでしょう。「なんでおれが行かないといけないんだ、あいつが悪いのに」ってね。

前の例のお父さんには、息子との関係を修復したいという思いはなく、自分から歩み寄る気もありません。「父親の自分がなぜ謝ったり近寄ったりしなければいけないんだ、あいつがおれのものをとったのに」「謝ったというけれどちゃんと謝っていない」「謝ったかと思ったらしばらくしたらまたおれの財布から盗んだ!」。大学2年生になった今でも、盗みは続いています。

こちらの夫婦も例にもれず、関係はよくありません。いい関係の夫婦であれば、父親と息子の関係がぎくしゃくしても、じきによくなっていきます。表面的なトラブルのような感じで、父親に向かっていき、やがて収束するんですね。

また別の、中学時代にお父さんに対して荒れていた男の子は、お父さんと取っ組み合いのケンカになり、殴り合いをした結果、玄関のドアをけ破ってしまったそうです。それ以来形勢が逆転し、お父さんがどんどん弱くなっていったといいます。

このケースの場合、お父さん自身が、子どもの力がすでに自分より勝っていることに気づいてしまったんですね。それからはお父さんが上から命令することがなくなりました。やがて息子も、お父さんに向かっていかなくなったんです。

父と息子には、「いつか乗り越える」という瞬間があります。ずっと子どもの頭越しに、はるか上からやっていたのに、気づいたら息子のほうが力が強く勝っていた、というのは、お父さんにとっては相当なショックのようです（このお父さんは、しばらくお母さんとも口をきかなくなったそうです…）。

一方、子どものほうも、やってしまってから「しまった！」と思うようです。本気になったら自分のほうが勝ってしまう、と、ある時点からわかるんですね。

先ほどのお金をとってしまう子も、「本気になったら父親にけがをさせてしまうかもしれないし、殺してしまうことになりかねないから加減している」と、お母さんに言ったそうです。

一方、ドアをけ破った子のお父さんは、そこまでやられてものすごくショックを受け、ちゃんと息子の話を聞くようになり、対等に話をするようになりました。対等というよりは、お父さんが下に行ったという感じでしょうね。今までの「父親」という、いわゆる上からおさえつけるというような権威をなくしていったのです。

それからは父子ふたりで服を買いに行ったり、「車で乗せてってよ」「今は時間があるからいいよ」というような話ができるようになったそうです。このケースの父と息子の関係は、本当に力のぶつかりあいでした。それを経て穏やかになってきたんですね。今はもう、息子は30歳を超えています。

そうした、わかりやすいぶつかりあいがない場合には、どう折り合いをつけるのかというと、青年期に入った20歳くらいのときに、息子が父親に対して「もうしょうがない、あいつは」と思うんですね。おそらく、子どものほうが気持ちが上に行くんでしょう。

子どもはどこかで、力では自分が勝ってしまうとわかります。そこでちょっと余裕が出るんです。だから男の子は、父親が理不尽なことを言っても、「あいつが言ってることだから」と、本気になって聞かないというか、聞いてはいるけれど実行はしないというところで、おさめていくようになります。

一方、父親はそんなとき、実はすでに立場が逆転していることに気づかないようにします。子どもはとっくに気づいているのに、父親は気づかないようにするか、もしくは本当に、まったく気づいていません。自分が本気になれば、まだ力で勝てると思っているんですね。

父と息子が本当にきちんと向き合えるのは、息子が結婚してからだといわれています。息子が子どもをもったとき、やっとお父さんも、息子と対等にちゃんと話ができて、ひとりの人間として認めていきます。それまではどうしても父親は、息子を自分の支配下に置きたいんですね。父がそう願っていることを息子は知っているし、いろいろとこうるさいので、思春期から青年期の男の子たちは、父親には近づかないようにしているんです。

父×娘の関係

全国のお父さんには大変気の毒ですが、娘は思春期になったらまず、父親の何もかもがいやになってしまいます(笑)。「お父さん大好き!」と腕を組んで歩くような子は、普通の発達をしている中学生ではまあ、いないでしょうね。中学生、とくに女子は、さわられるのがいやなんです。

さらに異性という意識が出てきて、パパも異性なんだ! とわかった瞬間、自分の裸は絶対見せないようにするし、肌なんかさわられようものならパッと手で払ったりします。あたりまえですが、お風呂なんか絶対にいっしょに入りません。

お父さんは、なによりもそれがさみしいんですよね。小さかったころと同じように「かわいいかわいい」とかわいがりたいのに、「思春期だから」「異性として思っているから」「あんまりべたべたしないほうがいいよ」などとまわりからも言われ、本人である娘からパッと払われたりすると、たいていの父親はさみしくなってしまいます。「あいつはいったい、おれのことが嫌いなのか!?」とお母さんに聞いてくるお父さんの話も、よく耳にします。

女の子が生まれたときから「いつまでいっしょにお風呂に入れるかな…」なんて考えるお父さんはたくさんいます。そうやって「いつかは離れていくもの」という感覚がある人はいいのですが、なかにはそういう感覚がないお父さんもいるんですね。

思春期は残念ながら、お父さんは何をどうやってもウザイんです。存在そのものがウザイ。本当にかわいそうですが、それはしかたがないんですね。

たまに「おれはそんなに娘に嫌われていないから」と言うお父さんもいますが、本人はそう思っていても、娘にとってははたして…どうでしょうか。

ズバリ「お財布がわり」だったり(!)、言えば買ってくれるから、お父さんにすり甘えたり。娘はけっこう打算的で、そういうやりとりがうまい子が少なくありません。女の子のほうが巧みなんですね。

「うちはうまくいっているから」という場合には、もしかしたら娘のほうがうわてで、お父さんが娘の手のひらの上にのっている状態かもしれません(笑)。

「本当はそばに来ただけでぞっとするんだけど、何か買ってくれそうだし、ちょろっと甘えたらおこづかいをくれるから。でも本当は先生、鳥肌が立ってるの」と言った女の子もいました。「お父さんはすっかり仲よくなっていると思っているけど冗談じゃない！　もうウザイ！　と思って、見ないようにしてる」という子もいましたね。

そうした関係も、中学を経て、高校くらいになるとある程度落ち着いてきます。

先ほど、父と息子がちゃんと向き合えるようになるのは息子が結婚してからと言いましたが、父と娘がきちんと向き合えるのはもう少し前、20歳くらいからでしょうか。23～24歳くらいになると、娘のほうがお父さんを、彼氏のような異性とは違う「お父さん」としてはっきり理解するようです。お父さんは自分のことを異性としてかわいいと言っているわけではないと認識するんですね。そうしたらもう、大丈夫だと思います。

この本を読んでいらっしゃるお母さんたちも、いつからだったかははっきりしないかもしれませんが、20歳くらいからもう、お父さんが疎ましくなくなったのではないでしょうか？

思い返してみると、お父さんがそばに寄るだけで臭いとか、部屋にいるだけで息苦しいとか、自分が同じ空間にいないようにするとか、「ウザイ」のはせいぜい高校2〜3年生くらいまでだったのではないでしょうか。

お酒のにおいがいやだと思っていたのに、20歳を過ぎて自分も飲むようになると、そんなに気にならなくなった、わりと平気になったなどと言いますから、本当に勝手なんですが(笑)、自分が大人になってきたからこそ、お父さんのことも、人として認識できるようになっていくのだと思います。健康的に成長していけば、そうなります。

不健康になっている子どもの場合には、お父さんとお母さんの夫婦の問題があったり、なかには発達に障害があったりする場合も考えられます。

お父さんと娘がまるで恋人のように腕を組んだりして、妙に仲がいいこともありますが、それはもう、お父さんが大きくさせたくないんです。いつまでも娘を赤ちゃんのように扱って「世界じゅうでお前しか、かわいいものはいない」などと言ったりして、それを娘も気持ち悪いとか思わずに、にこにこして聞いている…。それはもう、不健康ですよね。普通の発達をしていたらありえません。

それも実は、夫婦の関係が微妙に影響していることが多いんです。妻との関係がいい人は、妻にべたべたすればいいわけですから、娘にはしません。妻にべたべたできない人は、だんだんと娘にべたべたしそうになります。成長とともに娘が離れていくのを、執拗に追いかけたりするお父さんもいるんですね。

父と息子の関係と、父と娘の関係は、まったく違います。

男どうしはお互いに乗り越えよう、力関係の優劣をはっきりつけようなどと考えますが、娘は父親に対してそんなことは思いません。同じ「距離を置く」にしても、そういう戦いをお父さんとはしていません。異性なので、そこはやっぱり全然違うんですね。

どちらにしてもお父さんにとって娘は、いつまでたっても「かわいい〇〇ちゃん」でありつづけるようです。

母×息子の関係

お母さんにとって、異性である息子はスペシャルな存在です。

多くのお母さんは、男の子のほうが女の子よりもかわいいと思っています。かわいくてかわいくて、気になってしかたがありません。でも異性ですから、お母さんにはわからない部分もいっぱい出てくるわけですね。お父さんとはまた違った生き物だけに、そこもかわいいと感じるようです。なんでもいいんですね(笑)。

そんな息子も、思春期になると、お母さんに歯向かったりします。「なんて怖い子なの!?」と思いつつ、でも母親たちは「歯向かうのもかわいい♡」なんて思ったりもします。それくらいスペシャルなんです。

お母さんたちにとって息子は、娘と接するよりは余裕がもてて、かわいいというのがずっと続きます。でも結局、かわいくてかわいくて両腕にかかえこんでしまった場合、息子はすごい力でお母さんと離れようとします。

前述のように、息子はお父さんに対しては、「乗り越えよう」とする力を出しますが、お母さんに対しては「離れたい」と思う力が出てくるんです。だから、言葉も脅迫めいたものになるし、バシッと物を投げたりするので、お母さんにとっては、男の子が離れたがっているサインは、さみしいとかは別として、非常にわかりやすいと思います。

そのときにきちんと離してあげれば、男の子にとっても結局はお母さんがいちばん大事だし、甘えたいと思っているので、すぐにす

り寄ってきます。その、離すべきところで息子を離さなかったら、しだいに子どものほうにも離れたいという気持ちがなくなり、むしろ「お母さんを喜ばせたい」というふうになっていくんです。それは、健康な発達ではありません。

思春期に母親から離れたいという思いは、だいたいの男の子にあります。たいていは「ウザイ」と、ひと言で表します。一時期は言葉がきつくなったり手が出たり、子どもによって温度差はありますが、ちゃんと離れた場合には、あとできちんと戻ってきます。

でも、お母さんがすごくさみしくなってしまって息子を抱えこんでしまったら、息子はお母さんを喜ばせるように行動したり、あるいは暴力をふるったり、最悪の場合は殺してしまったりして、事件になることもあります。ママの言うとおり、ママの喜ぶようにいい子になっていることも、拒否反応を示して暴力をふるうことも、動きはまったく逆に見えますが、結局は同じ根によるものです。

男の子が「離れたい」という意思表示をしてきたら、お母さんは「どうぞどうぞ、お離れくださいませ」と言ってあげなければいけません。

小学生ならまだちょっとかわいらしいですが、中学1年生の2学期くらいになると男の子たちは「ウザイ」とか「うっせー」とか言いはじめます。お母さんを見る目つきが変わるんですね。その半面、そう言いつつも甘えたいという気持ちがあるので、すり寄ってくるときもあります。

そうしたアンビバレントな、相反するような状況をわからず、甘えてくることをただ喜んで受け入れてしまうお母さんが少なくありません。それがよくないんですね。一見真逆な行動に思えますが、ママの喜ぶ「いい子」であることも、ママが怖がる暴力をふるったりすることも、お母さんが息子を抱えこむことが起因しています。どちらかというとむしろ、ずっといい子のほうが怖いかもしれません。

いい子の場合はどこかで逆転し、いい子のふりをしたまま、お母さんを支配していきます。最初は親が支配していますが、子どもが青年期くらいになってくると、逆転して親を支配していくようになっていきます。お母さんの言うとおりにしながら、いつのまにか、自分の思うとおりに親が動かないと意地悪なことをしたり、手が出たりしていくんです。

だから親が自分の言うことを聞かず、それに対して抵抗すると、自分はそれまで抵抗しないできたわけですから、抵抗する親に対して暴力が出てくるんです。

暴力を親にふるったり、「うるせーな！　どっか行け！」と言ったりしてお母さんが離れていくのなら、それはそれでわかりやすいんです。そして、そのほうがまだ、抱えこむよりもずっといいと思います。


男の子を育てているお母さんは、息子が「うっせーな！　ふざけんな！」などと言い出したら、「ああもう、この子とは本当に距離をとって『男の人』として接していこう」というふうに切りかえる必要があります。

試験間近にテレビを見ているときに「いつまで見てるの？」なんて言い方は絶対してはいけません。お母さんのことを「ほんとにウゼーんだよね。つべこべ言って、みんなわかってるのに先に言われるとやる気なくすんだよね！」という子がいました。彼は自分でもわかっていて、言われなければさっさとやめるのに、言われると「くそー！」と思って、逆にテレビにしがみつくんだそうです。男の子っておもしろいですね。

女の子にはそこまでの激しさはありません。「うっせーな」とか言いながら、のっそりと自分の部屋に戻って教科書なんかを投げつけたりします。でも、男の子はその場でもう、動かなくなってしまいます。

男の子も女の子も、その時期は黙ってみているしかありません。「こうしたほうがいいのに…」なんて、よけいなことは言わないことです。「だから言ったじゃない！ほらみなさいよ！」なんて、口が裂けても言ってはダメ。「うっせなー！」と、何かが飛んできますよ。

思春期の親のいちばんの対応策は、黙っていること。信じて見守ってあげていれば、大丈夫です。

ぐちゃぐちゃと口を出すのは結局、子どもを信じていないから。子どもが動く前に、先回りして言ってしまうことをやめると、お母さん自身が強くなります。

母×娘の関係

母と娘とは、やっぱり同性のせいか、父と息子のような感じになります。

娘も同じように、お母さんを乗り越えようとします。

父と息子のようにはっきりした形ではないですが、お母さんのような人にはなりたくないとか、その逆に、残念ながら本当に少ないんですが、お母さんのような人になりたいとか。内面ではすごくあるようです

たいていはみんな、「ああいうお母さんにはなりたくない」と思うようです。

「言うことを聞かないから」と寒い冬に家の外に出されて叱られたときには絶対、「私がお母さんになっても、あんなふうには叱らないわ！」と思います。「自分が子どもをもったときにはあんなこと絶対しない！　ああいうお母さんにはなりたくない！」と思うんですね。

それはやっぱり、お母さんを乗り越えようとしているんです。自分のお母さんとは

違った母親像を自分のなかで思い描いて、お母さんと違ったものを自分のなかで形成したい、とどこかで思うんです。結局は忘れていって、最終的にはたいてい、同じようになっていくんですが…（笑）。

でもやっぱり、母親を乗り越えたい、乗り越えようという気持ちはあります。健康であれば、母親よりもっといい母親になりたい、という思いはもつんですね。

最近は「小さいころ、お母さんがこう言ったせいで私がこんなふうになってしまった」という、恨みのようなものをずーっともっていて、大人になってから、老いた母親に恨みつらみをぶつける娘が少なくないようです。

私は、お母さんが弱くなってからそんなことを言っても、本人が認めなかったりしますし、70～80歳になった母親と向き合ったときに、結局は娘のほうが、「もうこんなおばあさんを相手にしてもしようがない」とあきらめるしかないと思います。自分の抱えていたわだかまりを取り下げていくという感じでしょうか。

娘は「お母さんはあのときこう言った。このときこうしてくれなかったから傷ついた！」ということをよく覚えていますが、多くのお母さんはほとんど覚えていません。そのときに「あのときお母さんはこう言ったじゃないの！」「あらそんなこと言ったっけ？」みたいになることが多いですね。娘はだいたい泣きながら「謝ってよ！」と、年老いた母に詰め寄ります。

お母さんからすると、それは実は、すごく困るんです。自分が言ったかどうかさえもわからないんですから。

そんなとき、娘の気持ちをくみ取ってあげることができる、心あるお母さんは「ごめんね、そんなつもりで言ったんじゃないけど、言ったのね」と、そのことに対して謝ると思いますが、「そんなこと言ってないし、なんでいまさらそこで泣くわけ？」などとお母さんに言われたら、もう娘は許せないでしょうね。

そういう場面のときに、娘に対していとおしいとか、自分のなかではまったく思いもしなかったけれど、娘はそんなふうに考えていたんだ、そんなことをずっと根にもっていたんだということを、「それは悪かったな」と思える人と、「今さら何言っているの？」と思う人とに分かれます。お母さんが「何言ってるのこの子は？」と言った瞬間、娘はもう、愛されていないことを感じてしまうんですね。

お母さんが、思春期も含め、子どもたちに対して気をつけなければならないのは、本人がどういう気持ちでそれを訴えてきたのか、ちゃんと子どもの側に立ってわかろうとすることです。自分の保身ばかりを考えて、「こんなことを言ったら私の沽券《こけん》にかかわる」などと思っていたら、関係性は修復できず、ますます母子は遠ざかっていくでしょう。

だから、何かを訴えてきたときにはちゃんとそれを受け入れて、たとえ自分は覚えていなくても、どんなに年を取っていても、そういうふうに感じさせてしまったことに関しては謝らなければいけないと思います。感じさせてしまったのですから…。

どんな年齢になっても、そうやって子どもに突きつけられたら、本当に心から驚くと思いますが、でも、この子はそう感じていたんだということに気持ちを向けて、謝る勇気をもたないとダメだと思います。娘はことあるごとにそれが浮かび上がって出てきて、ずっと苦しんできたわけですから、それは、ごめんねと言うべきでしょう。

ぶつけてくるのは、お母さんとの関係をなんとかしたいと思っているから。ぶつけてこないでそのままあきらめた場合には、いつまでもずっと、不信感をもったままです。そちらのほうがより悲しいと、私は思います。

母と娘は、父と息子・父と娘よりも、いちばん面倒くさいような気がします。表面に出ないぶん、よりいっそう面倒なんですね。

30代前半で独身の、ある女性は、人前に立って説明をしたりプレゼンテーションをしたりするのがとても苦手だといいます。とても美人でスタイルもよい人なのですが、小さいときから人見知りが激しかったそうで、実は10歳、小学校5年生ごろに、学校で何かを発表したとき、女の子たちに「すましやがって」とか「かっこつけちゃって」とか、すごく意地の悪いことを言われたそうなんです。クラスの全員ではないと思いますが、ひどいいじめにあったそうで、そんなふうに目立つとまわりの人たちからいじめられる、と感じ、それ以来、人前で話ができなくなったというのです。

当時、彼女はそのことを家に帰ってお母さんに言いたかったけれど、子ども心に「お母さんはそれを聞いてもわかってくれない人だ」と感じていたんですね。それで、自分だけでこらえたそうです。

人前で堂々と話ができなくなってしまった最も大きな要因は、お母さんに言えなかった、わーっと泣きたかったのに泣けなかったという、お母さんとの関係です。

お母さんは5歳くらい下の弟をものすごくかわいがっていたんです。彼女はその関係を小さいころからずっと見つづけていて、「自分はお姉ちゃんだからしっかりしなくちゃ」と思ったそうですが、その半面、お母さんに愛されたという記憶はほとんどなく、だから甘えられなかったといいます。弟が生まれる前からお母さんとお父さんの仲が悪く、家庭内がごちゃごちゃしていて、子どもらしくふるまえない自分がいて……、そういうことを、思い出して話してくれました。

「この家にずっといたら、自分はおかしくなってしまう！」と、母親が絶対来ないところに逃げようと思い、彼女は高校卒業後に日本を離れ、アメリカの大学へ留学しました。日本にいるときほど注目されないため、アメリカでは自由に、堂々と友達もつくって英語でプレゼンしたりしていたんですが、日本に帰ってきて、商社に入ってまた自分が注目されはじめたとき、躁鬱《そううつ》になってしまったのです。

彼女の場合、思い返すと10歳のときにお母さんに甘えられなかったこと、ぐっとがまんして自分のなかで処理しようと思ったのに処理できなかったことが、人の目をいつも気にして、日本の中では注目されないようにしているという今の状態を引き起こしていることがはっきりみえてきたんですね。

いってみれば、美しい子がうまく発表できたことへのやっかみとやきもちが発端。本人はそんなこととは思いもせず、いじめられた、攻撃されたと感じていたんです。そのときにお母さんに言えていたら…。「こんなこと言われた！」「すごくいやだった、学校にも行きたくない！」と、泣けばよかったんです。それができなかったので、その思いをグーッと、無意識下に置いてしまったんですね。それは普段は忘れているんですが、いざプレゼンテーションなどをするとなるとドキドキしてうつ状態がひどくなり、会社に行けなくなってしまう。それがなぜなのかわからなかったんですが、実はこれが原因だったのです。

「今はもうあなたは10歳の子どもではないし、アメリカでいろいろと経験して、立派にやりとげてきたんだから。できない自分ではないんだよ。もしドキドキしたら『もう自分は10歳じゃないし、大丈夫！』と自分に言って聞かせなさい。すぐに10歳の、『あのころの私』に戻っちゃだめ！」と話しました。

アメリカでいろいろと経験をして、彼女はたしかに成長しているのに、そういう状況になるとたちどころに子どもだったころに戻ってしまうんですね。ただ、彼女の場合は10歳くらい、と戻るべきところがわかったのでいいんですが、たいていの人はわかりません。わからないまま戻ってしまっている人も、実は少なくありません。それがやはり、8歳、9歳、10歳が多いんですね。そのあたりのことが大人になってからも大きく影響しているんです。だから、すごく大事。基礎の基礎の時期なんですね。

8～10歳の時点でわが子を赤ちゃん扱いしないようにすることは大切ですが、逆に、この彼女の例のように、グッとおさえてがまんして、子どもらしくふるまえなかった、というケースもあります。正反対のようですが、実はどちらも、親の受け入れ態勢がきちんとしていないという点で同じ。結局は子どもが苦しむんですね。

子どもは、そこでつかんでしまったものを永遠にもちつづけながら大きくなっていきます。「なんでもちつづけているの!?　そんなのもう捨てちゃっていいのに！」というようなものを後生大事にもちつづけているんです。それも意識せずに、自分でもわからないうちに。大人になってから、「私こんなものをずっと大事にもってたんだー!」と、気づくことも多々あります。

そうなるともちろん、親の責任は重大です。男の子に対しても女の子に対しても同じように、子どもの言動に注意深くかかわっていく必要があると思います。

おわりに

この本を読んでいただき、ありがとうございました。
思春期とは何か、少しでもわかっていただけましたでしょうか？

この原稿を執筆・校正中の平成26年7月26日、長崎県佐世保市で、16歳の女子高校生が同級生を殺める事件が発生しました。私はその報道にかなりショックを受けつつ、同時に、くしくも同じ佐世保市で10年前の平成16年6月に起こった小学6年生女子による教室内での同級生刺殺事件も思い出しました。

人の誕生を学ぶときには、まず、花のおしべやめしべがどのように発育し、どのように結ばれて子孫を残すのかを教わります。現在71歳になる私も、小学校でそう習いました。そのとき、先生が「お花にも生命があります。感謝して実験しましょうね」とおっしゃったことを今でも覚えています。ですから、ままごとなどで花から色水を作るときも、おしべとめしべを確かめ、必要な量しか摘み取りませんでした。残った花が種になり、芽を出し、来年も花を咲かせることを知っていたからです。

ある女の子が、小学2年生のときに書いた詩です。

あさつゆ（きらり 小2）

なつのあるあさ、はやくめがさめ
にわに出たら　はっぱにあさつゆがありました
じっとみていると　あさつゆがポトンとおちました
それはなみだのようでした
じめんにすいこまれて
おはなの　えいようになるのかな

小学2年生の〝命〟に対する感性が、鋭く出ている詩だと思います。さらに、同じ子が小学4年生のときに書いた、まさに『いのち』という詩もあります。

いのち（きらり 小4）

わたしには　いのちがある
世界中の人たちは、いつか
かならず　やすらぎの国へ
たびたつときがある
そのときのために　今は楽しく生きる

小学4年生で〝死〟をイメージし、そのうえで〝今〟を生きたいと願う気持ちが出ています。このふたつの詩を比較するだけでも、2年生と4年生の精神発達の違いがはっきりとわかります。

8〜9歳の子どもは、私の言葉で表現すると「第二自立期＝前思春期」に入っています。小生意気な態度が目につく時期ですが、同時に本当の自分の価値やルーツ、居場所を探している時期でもあります。自分の親が本当の親かどうかを疑い、そのことに罪悪感をもって親から距離を置いたり、逆にしがみついたりします。非常に不安定な心理状態ですが、それはいっときのことです。じっと見守りましょう。

前述した10年前の佐世保での小学6年生女子の同級生刺殺事件のあと、平成17年9月に文部科学省では「新・児童生徒の問題行動対策重点プログラム」を作成しました。そこには当面の対応策として、以下の4つが示されていました。

学校で安心して学習できる環境作りの一層の推進
情報社会の中でのモラルやマナーについての指導の在り方の確立
命を大切にする教育等の充実
家庭教育への一層の支援の充実

なかでも家庭でのかかわりに関係する、四番目の『家庭教育への一層の支援の充実』では、各家庭に以下のような取り組みを求めています。

■基本的生活習慣の確立等をはじめ家庭におけるしつけや基本的マナーの育成などを徹底するなど家庭教育の充実を図ること。

■子どもの変化を見過ごさないこと。特に自分の内的世界にこもりがちになったり、凶器の収集、攻撃的・暴力的なゲームやビデオ、書物への著しいのめり込みなどの行動を示している時には十分注意し、不安な点がある場合には相談機関に相談すること。

■フィルタリングソフトの活用や「家族の決まりごと」の作成等を通じて、有害情報への接触の制限等を行うこと。

以上のような施策が10年前の事件を契機に作成され、推進されてきました。が、はたして現在の子どもたちを取り巻く日本の環境は、より安全に保護された幸福な社会となっているでしょうか？　私には、とてもそうとは思えないのです。

情報社会はより複雑になり、電車内では半数以上の人がスマホに夢中になり、人を見ることもありません。道路を歩いていても片時もスマホから目を離さず、相手がよけてくれるのがあたりまえのようになっています。

子どもたちも、小学4年生ごろからスマホを駆使し、中学生になると〝LINE〟にはまりこみ、返信に追われています。それが人間関係そのものだと誤解している子も少なくありません。保護者も忙しく、食事やおやつは出来合いのものになりがちで、子どもたちの食生活も貧しくなっています。

いったい日本人はどこに向かって動いているのでしょうか？　私たち大人がそんな思いにかられるぐらいですから、子どもたちはきっと不安感と焦燥感でいっぱいで、人間としてこれからどう生きていくのか、見えなくなっているのではないでしょうか。

子どもたちには、力があります。その力をどうぞ、信じてあげてください。そしてどうか、保護者であるあなたが、その子のなによりも身近で強力な『応援団』になってあげてください。私は、心からそう願ってやみません。

2014年秋　　植松紀子

植松紀子（うえまつ・のりこ）

日本大学文理学部心理学科卒業。臨床心理士。武蔵野赤十字病院、神奈川県内の児童相談所や教育委員会指導課、こどもの城小児保健部を経て、現在、日本大学講師、「植松メンタルヘルス・ルーム」主宰、清瀬市教育委員。自治体の乳幼児健診にも携わり、多くの母親の悩みを聞いている。45年間育児相談を受けてきた経験に基づくアドバイスには定評がある。著書に『6歳までの子どものほめ方叱り方』（すばる舎）、『子どもにさせていいガマン・わるいガマン』（PHP研究所）、共著に『赤ちゃんあそぼ！ ０～２歳のふれあいあそび』（赤ちゃんとママ社）など多数。

そこで気づけば思春期がラクに！

8歳で切りかえる子育て

平成26年10月27日　初版第一刷発行

著者	植松紀子
発行者	小山朝史
発行所	株式会社 赤ちゃんとママ社 〒160-0003 東京都新宿区本塩町23番地
TEL	03-5367-6592（販売）　03-5367-6595（編集）
URL	http://www.akamama.co.jp
振替	00160-8-43882
デザイン	浅田潤（asada design room）
イラスト	河原崎秀之
校正	河野久美子
編集	西田香
印刷所・製本	シナノ書籍印刷株式会社

ISBN 978-4-87014-101-8